TRAITÉ SYNTHÉTIQUE

DE LA

DOT EN DROIT ROMAIN

SUIVI

D'UNE DISSERTATION

SUR L'INALIÉNABILITÉ DE LA DOT

EN DROIT FRANÇAIS

PAR

ARISTIDE-CHARLES-J. PASCAL

Docteur en Droit.

PARIS

A. MARESCQ AÎNÉ, LIBRAIRE-ÉDITEUR

17, RUE SOUFFLOT, 17

—

1860

DE LA DOT

EN DROIT ROMAIN

ET EN DROIT FRANÇAIS

IMPRIMÉ PAR CHARLES NOBLET

Rue Soufflot. 18.

TRAITÉ SYNTHÉTIQUE

DE LA

DOT EN DROIT ROMAIN

SUIVI

D'UNE DISSERTATION

SUR L'INALIÉNABILITÉ DE LA DOT

EN DROIT FRANÇAIS

PAR

Aristide-Charles-J. PASCAL

Docteur en Droit.

PARIS

A. MARESCQ AINÉ, LIBRAIRE-ÉDITEUR

17, RUE SOUFFLOT, 17

1860

AVERTISSEMENT

Le travail que nous offrons au public, après tant
d'autres études consciencieuses et approfondies sur
le régime dotal en Droit romain et en Droit français, n'a pas la prétention d'éclairer d'un jour nouveau les graves difficultés de cette matière. Notre but
a été seulement de présenter, quant au Droit romain, sous une forme synthétique et élémentaire,
les principes développés avec tant de lucidité, de
profondeur et d'érudition, dans le traité analytique
de notre savant doyen et professeur, M. Pellat, et,
quant au Droit français, de résumer brièvement, en
quelques pages, les doctrines de la Faculté de Paris
et de la jurisprudence sur les questions les plus dé-
licates que soulève l'inaliénabilité de la dot, soit
mobilière, soit immobilière. Sans doute, l'analyse
et le commentaire sont les bases fondamentales de
toute étude approfondie, en Droit romain comme en
Droit français; nous avons pensé cependant que
notre exposé synthétique, par sa simplicité même,
ne serait pas inutile aux lecteurs, qui, avant de

passer à l'étude des textes si souvent obscurs des titres *De jure dotium*, *Soluto matrimonio* et *De fundo dotali*, voudront jeter un coup d'œil d'ensemble sur la matière, et se pénétrer des idées générales qui pourront leur rendre plus facile l'intelligence des fragments du *Digeste*. Ce résumé pourra servir aussi, nous l'espérons, à ceux qui désireraient trouver, dans un format peu volumineux, l'indication exacte et consciencieuse des opinions des principaux auteurs, soit français, soit allemands, que l'on peut consulter avec fruit sur chaque question controversée que soulève l'interprétation des textes du Droit romain.

Nous ne nous dissimulons pas les imperfections qui doivent nécessairement se rencontrer dans une œuvre de cette importance, plutôt faite pour exercer les méditations d'un jurisconsulte consommé que les efforts inexpérimentés d'un jeune docteur, mais nous ne serons pas moins heureux si nous avons pu apporter quelques matériaux dont nos successeurs profiteront pour construire un édifice plus solide.

Aristide PASCAL.

Paris, 4 juillet 1860.

DE LA DOT

EN DROIT ROMAIN

CHAPITRE PREMIER.

NOTIONS HISTORIQUES SUR LA DOT.

1. Quoique borné à la sphère des biens, le contrat de mariage embrasse les intérêts les plus élevés. L'union conjugale, créant des besoins nouveaux, impose des charges auxquelles il faut pourvoir; confondant en une seule les deux existences jusque-là séparées, elle fait peser sur chacun des époux des obligations qui résultent de la situation commune. La destinée des époux, les espérances de deux familles, l'avenir de plusieurs générations, la circulation des biens, la facilité des transactions, le crédit et l'industrie, c'est-à-dire les bases fondamentales de l'ordre social dépendent en grande partie d'une sage législation des conventions matrimoniales; en un mot, nul autre rapport de la vie civile n'affecte aussi profondément l'individu, la famille et la société.

C'est pourquoi les principes qui régissent cette association devaient nécessairement varier suivant le génie, les mœurs et les habitudes des peuples, qui tour à tour ont figuré sur la scène du monde.

2. Depuis le système des temps héroïques et barbares (1), où la dot du mari n'est que le prix qu'il paie pour acheter la femme (2), jusqu'à celui qui réalise le mieux les idées d'association et d'égalité de rapports sur lesquelles les nations civilisées font reposer le mariage, toujours on a vu se refléter dans ce contrat les tendances dominantes de chaque époque et les vicissitudes des institutions. C'est ainsi qu'on voit se métamorphoser peu à peu le système primitif absolument exclusif de la réciprocité des droits sous l'influence d'idées nouvelles de plus en plus favorables à la femme. Ce n'est plus le mari qui la dote, lorsqu'une civilisation plus avancée lui a donné une dignité personnelle incompatible avec un prix d'achat ; elle se dote elle-même, et, contribuant par son apport à soutenir les charges du mariage, trouve dans la loi et dans la convention tout un cortége de sûretés qui la garantissent contre la prépondérance du mari.

(1) Chez les peuples peu avancés en civilisation, le consentement des parents n'est obtenu que moyennant un prix. Telle était la forme du contrat de mariage chez les Assyriens, les Babyloniens, les Cumériens, les Hébreux, etc. Les lois indiennes et la législation du Coran contiennent sur ce point des dispositions formelles. Telle est encore la barbarie moderne chez beaucoup de peuples de l'Amérique où le mariage, dit Robertson (*Histoire de l'Amérique*, liv. VI), est proprement une acquisition. (Voyez M. Troplong, préface du *Contrat de mariage*, 3º édit., p. 21 et suiv.)

(2) Voyez M. Kœnigswarter, *Revue de législation*, 1849, p. 145.

3. Malgré le haut degré de développement qu'avait atteint la civilisation antique, il s'est trouvé des législateurs et des philosophes, en Grèce notamment, qui ont cru devoir proscrire systématiquement la dot comme tendant à corrompre le mariage. Lycurgue la prohibait à Sparte; il croyait que le mari serait plus maître de sa femme quand elle n'aurait rien apporté (1). Aristote nous apprend que ce fut le contraire qui arriva (2). A Athènes, la dot devint, malgré Solon (3), la condition nécessaire du mariage légitime; on la constatait par un acte solennel (4); le mari jouissait de la dot pendant le mariage, et on assurait la restitution par un gage sur ses immeubles (5); le créancier de la dot était préférable aux autres créanciers du mari.

4. Mais la législation romaine développa et organisa sur de plus larges bases le système de la dot. Une différence essentielle doit de suite être signalée; c'est que, dans le droit originaire de Rome, le mari est propriétaire de la dot; il peut vendre le bien dotal, il n'a rien à rendre à la femme ou à ses héritiers. Ce n'est que plus tard que la jurisprudence romaine se rapprocha

(1) Les femmes, dit Platon, seront moins insolentes et leurs maris moins esclaves et moins rampants devant elles à cause de la modicité de la dot qu'elles auront apportée. (*Des lois*, 6, Cousin, t. VII, p. 354.)

(2) Voyez *Politiques*, t. I, p. 161 et 163. — Quelques casuistes au moyen âge défendirent aussi les dots, prétendant que c'était une simonie (voyez Deluca, *De dote*, disc. 1, 10).

(3) Plutarque sur Solon, 43.

(4) Samuel Petit, 6, 1. — Bunsen, *De jure hereditario Athenien-sium*, p. 17, 42 et 43.

(5) Voyez Saumaise, p. 501.

du droit athénien, en restreignant peu à peu le droit de propriété du mari.

5. La dot, à proprement parler, n'existait pas dans les premiers temps de Rome. Deux situations sont alors possibles.

Première situation. — Celle de la *materfamilias;* la femme est *in manu mariti*, soit par la *confarreatio* ou par la *coemptio*, soit par l'*usus* (1), alorselle est acquise par le mari à peu près comme une chose mobilière; il devient maître de tout ce qu'elle possède et de tout ce qu'elle peut acquérir par la suite (2); la *conventio in manum* est un mode d'acquisition *per universitatem*, comme la succession. On peut dire, d'après Cicéron, que la dot se composait alors de tous les biens : « Quum mulier viro in manum convenit, om-« nia quæ mulieris fuerunt viris fiunt dotis nomine (3);» mais aucun document ne nous indique que cette dot fût soumise à restitution. Il est probable, au contraire, que la *manus*, faisant entrer la femme dans la famille, *filiæ loco*, elle n'a, quand le mari vient à mourir, d'autre droit dans les propres biens qu'elle a apportés, que la part d'une fille qui succède à son père ; que si elle prédécède, son mari, devenu propriétaire incommutable, n'a rien à restituer (4).

(1) Gaius, comm. II, § 88 et 89.
(2) Plaute, *Casina*, acte II, sc. 2, vers 29 :
       Hoc viri censeo esse omne, quidquid tuum est.
(3) Cicéron, *Topiques*, chap. IV.
(4) Hasse, das Guterrecht der Ehegatten nach rœmischem Recht. — Tigerstrom, dans son ouvrage das romische Dotal-Recht, v. II, § 3, note 5, admet, contrairement à l'opinion de Hasse, que la dot pouvait avoir

2ᵉ *situation*. — Celle de la *matrona*. Le mariage a eu lieu sans *conventio in manum*, la femme continue à appartenir à sa famille, elle reste sous la puissance paternelle ou sous la tutelle de ses agnats (1), elle conserve la propriété, l'administration et la jouissance de tous ses biens, le mari n'y a aucun droit, à moins qu'il n'acquière la *manus* par une *usucapio* d'un an que la femme peut du reste interrompre en découchant trois nuits de suite du domicile conjugal (2).

6. Il y a dans ces deux situations une exagération marquée dans un sens opposé. Ici la personnalité de la femme est trop complétement absorbée dans la puissance maritale, là elle est trop absolument indépendante de cette même puissance. Il n'y a pas de milieu entre l'asservissement et la séparation.

7. Les mariages accompagnés de la *conventio in manum*, les plus fréquents dans l'origine (3), n'étaient praticables que chez un peuple pauvre et dont les mœurs n'avaient pas été adoucies par l'influence de la civilisation. A mesure que la fortune de chaque citoyen acquit plus d'importance, l'abandon de la dot et la dépendance outrée de l'épouse furent considérés comme

lieu même dans le régime de la *manus*. Nous croyons avec M. Ginoulhiac (*Histoire du régime dotal*) que ces deux opinions peuvent se concilier et qu'on peut concevoir l'existence de la dot à cause de sa restitution, même avec la *manus*.

(1) Ulpiani fragmenta, tit. 6, § 10.

(2) Gaius, com. I, § 3.

(3) Voyez Tite-Live, 34, 2. — M. Ortolan, Inst., liv. I, tit. 10, *De nuptiis*

des sacrifices trop onéreux. Les femmes luttèrent avec avantage contre le sort inégal qui leur avait été dévolu, et firent prévaloir dans les mœurs le système des mariages libres. Nous trouvons dans Aulu-Gelle les doléances de Caton à propos de l'émancipation des femmes de son époque (1).

8. C'est alors qu'apparaît le véritable régime dotal. La femme restant maîtresse de sa fortune, il fut tout naturel qu'elle fît un apport au mari d'une partie de ses biens pour l'aider à subvenir aux besoins du ménage dont elle allait augmenter les charges. La dot est donnée au mari par une espèce de traité à forfait qui sous tous les autres rapports laisse les conjoints complétement séparés d'intérêts. C'est ainsi que le mari a contre la femme pendant le mariage l'action de la loi Aquilia (2), et celle-ci l'action *in factum de damno* contre son mari (3). C'est ainsi que les époux peuvent passer entre eux la plupart des contrats, tels que société, prêt, vente, louage (4).

9. La constitution de dot fut dans l'origine une vraie donation irrévocable au mari, un transport de propriété définitif (5). Aulu-Gelle nous apprend positivement que pendant cinq siècles les Romains ne connaissaient pas les actions en restitution de dot et qu'elles

(1) Aulu-Gelle, 17, 6.
(2) V. ff 27, § 30, *Ad legem Aquiliam*, Dig., liv. IX, t. 2.
(3) V. loi 2 au Cod., *Rerum amotarum*. Dioclet et Maxim.
(4) V. ff 5, § 3, *De donationibus inter virum et uxorem*, Dig. liv. XXIV, t. 1.
(5) Paul. ff. 1 *De jure dotium*, Dig., liv XXIII, tit. 3.

ne s'introduisirent dans le droit que par suite des progrès du divorce (1).

D'après une loi de Romulus, la femme ne pouvait pas divorcer d'avec son mari, celui-ci pouvait seul la répudier pour certains crimes, mais il gardait ses biens à moins qu'il n'eût divorcé sans juste cause, car dans ce cas, au contraire, le législateur donnait à la femme la moitié des biens de son mari et consacrait l'autre à Cérès (2).

Le premier divorce n'eut lieu qu'en 529 (3), mais l'exemple de Corvilius Ruga ne tarda pas à trouver une foule d'imitateurs. C'est alors que s'introduisit dans les contrats de mariage l'usage de stipuler la restitution des biens de la femme en cas de divorce. C'est ce qu'on appela *cautio rei uxoriæ* (4). Le droit prétorien, faisant un pas de plus dans cette voie, introduisit l'action *rei uxoriæ* pour suppléer à cette convention quand elle aurait été omise (5). Par cette action le

(1) Aulu-Gelle, *Nuits attiques*, liv. iv, ch. 3.

(2) Plutarque, *Vie de Romulus*, cap. 22. Ἔθηκεν δὲ καί νόμους τινάς ὧν σροδρός μέν ἐστίν ὁ γυναικί μή διδοὺς ἀπολείπειν ἄνδρα, γυναικά δέ διδοῦς ἐκβαλεῖν ἐπί φαρμακεία, καί τέκνων ἤ κλειδῶν ὑποβολῇ καί μοιχευθεῖσαν· εἰ δ'ἄλλως τις ἀποπέμψαιτο τῆς οὐσίας αὐτοῦ το μὲν τῆς γυναικὸς εἴναι, τό δὲ της Δήμητρος ἱερόν κελεύων τὸν δ'ἀποδόμενον γυναῖκα Οὐεσθαι χθονίοις Θεοῖς. — Voyez Montesquieu, *Esprit des lois*, xvi 16. Conférez Tigerstrom das romische Dotal-Recht. 2e volume, § 44.

(3) Bien que son introduction remonte à une époque plus reculée. Voy. Hasse : Das Gutterecht der Ehegatten nach romishem Recht. Berlin, 1824, chap. 7. Fon der Dauer romischer Ehe. — Conférez Klenze Ueber die Frei heit der Ehe scheidung nach romischem Recht (dans le Zeitschrift fur geschiehtliche Rechtwisseschaft. B. V. S. 24).

(4) V. Aulu-Gelle, 4, 3.

(5) Voyez la Constitution de Justinien au Code, *De rei uxoriæ actiöne*, liv. v, tit. 13.

mari restituait à la femme les biens qu'elle avait apportés en mariage, sauf certaines rétentions quand le divorce était motivé par la faute de la femme (1). Ces stipulations et cette action ne tardèrent pas à s'étendre aux autres cas de dissolution du mariage, la femme restée veuve ayant autant d'intérêt que la femme divorcée à retrouver sa dot pour pouvoir contracter de nouveaux liens (2).

10. C'est par l'introduction de l'action en restitution de dot que le régime dotal se trouvait définitivement constitué. Du moment que les biens doivent être rendus, il faut imposer au mari certaines précautions pour leur conservation, il doit les administrer en bon père de famille; il est responsable de sa négligence et des fautes par lesquelles la restitution devient impossible : l'anecdote de Licinia, épouse de Caius Gracchus en est la preuve (3). Cependant nous ne voyons pas encore poindre pendant la période républicaine l'idée fondamentale du régime dotal, l'immutabilité de la fortune de la femme, sa conservation pendant le mariage à l'abri de toutes les chances de la prospérité et de l'adversité du mari. Sans doute, la dot fait retour à la femme en cas de divorce ou de prédécès du mari, et en cas de prédécès de la femme, le mari ne la gagne

---

(1) *Ulpiani regulæ*, tit. vi, § 6, 9 et 10. — V. Cicéron, *Topiques*, ch. 4. — V. M. Pellat, *Textes sur la dot*, 2ᵉ édit., p. 17 et 18.

(2) Paul., ff 2, *De jure dotium*, 23, 3. — *Revue de législ.*, tome vii, page 310.

(3) V. Javolenus, lib. vi, *Ex posterioribus Labeonis*, ff 66, *Soluto matrimonio*, Dig., 24, 3.

que sauf le retour légal de la dot profectice à l'ascendant donateur (1), et le retour conventionnel au constituant étranger, s'il y a stipulation formelle (2). Mais le droit de propriété du mari reste absolu et sans limite pendant la durée du mariage ; il conserve sans restriction la faculté d'aliéner et d'hypothéquer tant les meubles que les immeubles dotaux.

11. Sous Auguste ce droit exorbitant commence à éprouver d'importantes modifications. Il arrivait souvent que lorsque la femme exigeait du mari la restitution de sa dot, l'aliénation qu'il en avait faite réduisait le droit de la femme à une créance que l'insolvabilité du débiteur pouvait rendre illusoire. De là la difficulté pour elle de convoler à de secondes noces, de là un dommage public aux yeux de l'Etat à une époque où la corruption des mœurs rendant les mariages de plus en plus rares (3) tendait à tarir les sources de la population décimée par les guerres de la République. La loi Julia, *De adulteriis et de fundo dotali*, fut donc une des mesures prises par Auguste pour favoriser les seconds

---

(1) Pomponius, ff 6, *De jure dotium*, Dig., **23**, 3.

(2) Ulpiani regul., tit. VI, § 5.

(3) A en croire les classiques **et** les jurisconsultes romains, le mariage pour une fille sans dot devait être à peu près rangé dans la catégorie des choses impossibles. « Mea·n pauperem conqueror virginem habeo grandem, dote cassam atque illocabilem. Neque eam queo locare cuiquam. » Plaute, *Aulularia*, act. III, sc. 6 *in fine.* — Voyez id., *Trinummus*, 3, 2, 3. V. ff ult. Dig., *Quæ in fraudem creditorum*, et ff 5, *De doli mal. except.* — Le vertueux Caton lui-même exprimait sa prédilection pour les grosses dots, ainsi que l'atteste Aulu-Gelle, 17, 6, *et passim.*

mariages, elle fait partie du système général de réformes par lesquelles il s'occupa dans sa vieillesse à combattre les désastreux progrès du célibat.

12. La loi Julia, si célèbre dans les fastes judiciaires, si souvent invoquée par les auteurs et devant les tribunaux, ne nous est point parvenue tout entière, on la retrouve éparse dans différents passages du *Digeste*, des *Institutes de Justinien*, des *Commentaires de Gaius*, et des *Sentences de Paul*, et c'est à l'aide de ces fragments réunis qu'on est parvenu à la recomposer (1). Cette loi défendait au mari d'aliéner le fonds dotal situé en Italie, sans le consentement de la femme, et de l'hypothéquer même avec ce consentement. La raison de cette différence est dans la maxime : *lex arctius prohibet quod facilius fieri putat ;* eu égard à l'influence du mari sur la femme, on craignait qu'il n'obtînt plus facilement une hypothèque dont la femme ignore peut-être ou redoute peu les conséquences qu'une autorisation de vendre qui se traduit par une dépossession immédiate. En outre, l'aliénation peut être utile à la femme si elle est faite à des conditions avantageuses, tandis que l'hypothèque eût été le plus souvent constituée pour garantir une dette du mari ; or, comme Auguste avait déjà défendu aux femmes de cautionner leurs

(1) Voyez notamment Gaius, comm. ii, § 62 et 63. — *Pauli sententiæ*, tit. 21, § 1 et 2. — *Institutes* de Justinien, liv. ii, tit. 8, princ.

Brisson, président du parlement de Paris, à la fin du xvie siècle, a cherché à reconstruire cette loi Julia. Il est parvenu à nous donner vingt-neuf chapitres, et le vingt-neuvième seul traite de l'inaliénabilité du fonds dotal.

maris (1), il ne faisait que tirer une conséquence de cette mesure de précaution.

13. La vente faite sans observer les formalités de la loi Julia était nulle, mais c'était une nullité en quel, que sorte conditionnelle ; le mari pouvait, il est vrai revendiquer le fonds dotal pendant le mariage sans craindre qu'on lui opposât l'exception *rei venditæ et traditæ*, mais si la dot lui restait à la dissolution du mariage, l'aliénation était rétroactivement validée (2). En cas de divorce, la nullité apparaissait dans toute sa force : la femme demandait la restitution de la dot à son mari qui lui cédait ses actions contre les tiers. Elle agissait alors comme mandataire *in rem suam* ou même à l'aide de la revendication utile (3). La loi Julia prohibait les aliénations partielles comme les constitutions ou les abandons de servitudes, mais elle respectait les conséquences du refus de la *cautio damni infecti*, quand une maison dotale menaçait ruine (4), ou le droit qu'ont les tiers de demander le partage lorsque c'est une part indivise de l'immeuble qui a été constituée en dot. Mais si le mari voulait lui-même sortir de l'indivision, il ne pouvait provoquer la demande en

---

(1) Voyez les ff 1 et 2 d'Ulpien au Dig., *Ad. senatus consultum Velleianum*, liv. 16, tit. 1.

(2) ff 17, *De fundo dotali* au Dig. 23, 5, et ff 42, *De usucapionibus*.

(3) ff. 1, 6, 7 et 16, *De fundo dotali*, Dig. 23, 5.

(4) ff 1 principium, *De fundo dotali*. « Interdum lex Julia *De fundo dotali* cessat, si ob id, quod maritus damni infecti non cavebat, missus sit vicinus in possessionem dotalis prædii, deinde jussus sit possidere : hic enim dominus vicinus fit : quia hæc alienatio non est voluntaria. »

partage qu'avec le consentement de la femme (1), car c'était seulement l'aliénation forcée qui restait dans les termes du droit commun. La prohibition d'aliéner le fonds dotal s'appliquait non-seulement au mari, mais encore au fiancé, quoique jusqu'au mariage le fonds ne fût pas dotal (2), au père du mari si c'était lui qui avait reçu la dot constituée à son fils, au maître qui avait revendiqué le mari comme esclave (3), au fisc qui avait confisqué ses biens, à l'héritier du mari qui avait acquis l'*universum jus*, car, malgré la dissolution du mariage, on n'en considérait pas moins le fonds comme encore dotal (4). La dotalité entraînait comme conséquence l'imprescriptibilité, à moins que la prescription n'eût commencé à courir avant le mariage ; mais dans ce cas le mari était responsable envers la femme pour ne l'avoir point interrompue (5). La loi Julia ne s'appliquait qu'à la dot immobilière, *prædium rusticum vel urbanum* (6), le mari restant maître d'aliéner les objets mobiliers (7). Elle ne s'appliquait même pas à tous les immeubles,

(1) V. Loi 2 au Code, *De fundo dotali*. La question de savoir si le mari a qualité pour provoquer sans le concours de la femme un partage définitif des biens dotaux à elle échus est controversée en droit français. V. art. 818 et 1549 du Code Napoléon.

(2) ff, 4 *De fundo dotali*, Dig., 23, 5.

(3) ff 2, pr. et § 1, eodem titulo.

(4) ff 1, § 1, eod. tit.

(5) ff 16, eod. titulo. Dans ce fragment de Tryphoninus on voit à la fin une exception qui est plutôt un adoucissement à la rigueur de la loi. Il y dit : « Plane, si paucissimi dies ad perficiendam longi temporis possessionem superfuerunt, nihil erit quod imputabitur marito. »

(6) ff 13, eod. tit.

(7) ff 3, § 2, *De suis et legitimis heredibus*, 38, 16.

mais seulement aux fonds italiques, restriction qu'on a peine à comprendre, surtout depuis la constitution de Caracalla qui avait accordé le droit de cité à tous les sujets de l'empire ; aussi voyons-nous dans Gaius, comm. ii, § 63, que l'extension de la loi Julia aux fonds provinciaux était déjà un point discuté de son temps. Enfin elle était inapplicable aux fonds estimés, à moins qu'il ne fût stipulé que l'estimation ne valait par vente, autrement l'estimation rend dotale la valeur de la chose estimée et non la chose même (1).

14. Ces mesures furent jugées imparfaites et ne satisfirent pas Justinien. C'est sous cet empereur que le droit de la femme se complète, et que le principe d'inaliénabilité se constitue avec l'extension qu'il a conservée dans le droit écrit de la France. D'une part la dot devient restituable même en cas de prédécès de la femme (2), de l'autre Justinien met sur la même ligne l'aliénation et l'hypothèque. Il interdit toute aliénation directe ou indirecte des immeubles dotaux, lors même que les femmes y donneraient leur consentement, et il étend la prohibition aux fonds provinciaux. En outre, il donne à la femme le droit d'agir pendant le mariage, lorsque la restitution de sa dot est compromise par l'insolvabilité du mari (3) ; enfin au lieu du simple *privi-*

----

(1) V. Loi i, au Code, *De fundo dotali.* Cependant les fonds estimés étaient régis par la loi Julia dans le cas où l'estimation ne valait pas vente.

(2) V. une loi de Justinien au Code formant le titre 13 du liv. v., intitulé · *De rei uxoriæ actione in ex stipulatu actionem transfusa et de natura dotibus præstita.*

(3) Loi 29 au Code, *De jure dotium,* 5, 12. Les praticiens appelaient

legium dotis de l'ancien droit, il accorde à la femme
une hypothèque légale sur tous les biens de son mari,
et lui assure une préférence même sur les créanciers
antérieurs au mariage (1).

15. Ainsi, tandis qu'au début de la société romaine
tout est arrangé dans l'intérêt du mari, par la législation de Justinien tout est arrangé dans l'intérêt de
la femme, à tel point que Cujas a pu dire avec beaucoup de raison : *In multis articulis juris deteriorem
esse conditionem feminarum quam masculorum, sed
in causa dotium, certe melior est conditio feminarum* (2). Ce régime dotal est parfaitement approprié à
une époque stationnaire, où, de même que le gouvernement n'a qu'une pensée, celle de maintenir son inté-
grité compromise, le législateur, de son côté, sacrifie le
mouvement et le progrès au sentiment exagéré de la
conservation.

l'exercice de ce droit : assecuratio dotis vel indemnitas dotis. Faber,
Code, *De jure dotium.*

(1) Loi unique au Code, *De rei uxoriæ actione.*— V. l. 12, *Qui potiores in pignorem*, Code, 8, 18.

(2) Cujas sur le titre du Code de Justinien *De rei uxoriæ actione.*

CHAPITRE II.

DU CARACTÈRE PARTICULIER DE LA DOT.

16. Il est difficile de désigner, par une dénomination propre, le caractère de la dot, c'est-à-dire les rapports sous lesquels elle a été envisagée par les jurisconsultes romains quant aux droits de propriété du mari et de la femme. Des textes précis reconnaissent que le mari est le véritable propriétaire des choses dotales, qu'il en a le *dominium ex jure Quiritium* ou qu'il les a *in bonis*, et qu'il les usucape *pro dote*, si le constituant n'en était pas propriétaire (1). D'autres textes parlent de la dot comme appartenant à la femme, comme étant dans son patrimoine (2). Cette contradiction ap-

---

(1) C'est à cet ordre d'idées qu'il faut rattacher surtout le texte de Paul, ff1, *De jure dotium* au Digeste. *Dotis causa perpetua est*, en ce sens que la dot est donnée au mari pour qu'elle soit sienne et que nul ne puisse la lui enlever pas plus qu'un vendeur ne peut enlever la chose vendue à l'acheteur. On aurait pu croire que le mariage étant destiné à finir, la cause de la dot n'était que temporaire, mais Paul répond qu'il y a une cause perpétuelle parce que cette perpétuité est dans le vœu du constituant.—Gaius, com. II, § 62 et 63.—V. ff 7, § 3, Dig. *De jure dotium*, ff 21, § 4, *Ad municipalem*, Dig. 50, 1. — Cod. Loi 23, *De jure dotium*. — Item, loi ult. *De servo pignore*, 7 et 8. — ff 47, § 6, Dig. *De peculio*, 15, 1. — ff 13, § 2, *De fundo dotali*, Dig. 23, 5.

(2) Voyez notamment au Digeste, ff 34 et 75 (*De jure dotium*),— ff 81 (*De condit. et demonstr.* 35; 1), — ff 16 (*De religios.*, 11, 7), — ff 4 (*De collatione*, 37, 6),— ff 25, § 1 et 4 (*Soluto matrimonio*, 24, 3), ff 7, § 12 de ce même titre, et loi 30 au Code, *De jure dotium*, 5, 12.

2

— 18 —

parcnte des différents passages a amené une grande
divergence sur cette question entre les plus célèbres
romanistes modernes. Les uns (1) ont voulu voir un
droit absolu de propriété du mari sur les biens dotaux,
d'autres (2) le considèrent comme administrateur et
usufruitier seulement, et soutiennent que la femme chez
les Romains restait propriétaire de la dot. Nous croyons
qne cette divergence, sur la manière d'enviser le carac-

(1) Hasse : Das Gutterrecht der Ehegatten nach romischem Recht.
Berlin, 1824, p. 238. « La première condition d'une véritable dot, dit le
« célèbre auteur de la *Culpa*, est que la fortune du mari soit augmentée
« et c'est précisément dans le but de subvenir aux charges du mariage.
« Ainsi, pour que des choses deviennent dotales il faut qu'elles soient
« transférées dans le patrimoine du mari, et une fois y transférées pour
« être dotales, il faut qu'elles deviennent sa propriété. »
(2) Voyez notamment M. de Tigerstrom. Das Romische dotal-recht,
t. I, p. 223, § 25, intitulé : Der Mann ist procuratorischer Verwalter
et p. 351 à 383, § 35, intitulé : Die Frau ist Eigerthumerin. Dans
le t. II, p. 414, le savant professeur de l'Université de Graifswald,
après avoir cru assez réfuter l'opinion de ceux qui soutiennent que le
mari est propriétaire de la dot, s'exprime ainsi à propos de Hasse : « Il
« est presque à déplorer que dans l'esprit de notre époque cette manière
« de voir (qui du reste appartient à toute une école) ait trouvé un
« nouveau défenseur, tandis qu'il est fort difficile de nier, même après
« un examen superficiel des sources du droit, que la propriété de la
« femme... » Puis revenant à la loi 30, *De jure dotium*, au Code,
dans sa note 44, il dit : « Il est à remarquer que Hasse a complète-
« ment négligé les passages qui parlent de la propriété de la femme, ce
« qui l'entraîne dans de graves complications dans l'interprétation du
« droit dotal. Par la loi 30 au Code, il tient pour avéré que c'est par
« suite du changement de Justinien qu'à la dissolution du mariage la pro-
« priété passe *ipso jure* à la femme. Ceci a été déjà avancé par d'autres
« auteurs (voyez Reinishes-Museum, II. Jahrgg, I, p. 40). Mais cette
« loi 30 dit en termes très-clairs que la femme est pendant le mariage
« propriétaire de la dot. Il est inconcevable que cette interprétation ait
« échappé à Hasse. »

tère de la dot, provient surtout : 1° de la tendance qu'ont en général les auteurs modernes de ne pas vouloir admettre un droit de propriété *sui generis*, voulant tout généraliser. C'est ainsi que dans cette matière, à force de trop sacrifier à des vues radicales, les uns disent que la propriété des choses passe entièrement et complétement au mari, et d'autres qu'elle reste à la femme, et que le mari n'est qu'un administrateur (1) ; 2° de ce qu'ils ne se sont point, je crois, assez rendu compte du caractère tout particulier et exceptionnel de cette institution, qui, ainsi que le fait remarquer M. Pellat dans son remarquable Commentaire des textes sur la dot, fait fléchir plusieurs des règles les plus connues du droit romain (2) ; de ce qu'ils n'ont pas assez tenu compte des variations qu'a subies la législation romaine en cette matière, non-seulement par les lois d'Auguste et de Justinien, mais même par le progrès du temps et de la civilisation.

Quant à nous, nous ne pouvons nous ranger complétement à aucune de ces deux opinions. Nous croyons que le caractère de la dot est tout exceptionnel et particulier, que le droit de propriété du mari sur les biens dotaux constitue une espèce de propriété *sui generis*, et qui a été différemment limitée par les progrès de la condition de la femme, par les lois Julia et les lois de Justinien, que le droit qui a été conservé à la femme sur les biens donnés en dot est encore un droit tout par-

(1) Voyez Grolmann un Lohrs Magazin, ii, Heft, 6.
(2) Pag. 47, 2e édit.

ticulier qui ne ressemble en rien aux autres droits (1).

17. En effet, si le mari a la dot dans ses biens, c'est à condition de supporter toutes les charges du mariage au nombre desquelles figure en première ligne l'entretien de la femme. Celle-ci retire donc non un droit positif, mais un avantage que lui garantit sa position d'*uxor*, et duquel on peut dire, comme de l'état de mariage lui-même, *in facto potius quam in jure consistit* (2). Il en résulte que cette jouissance doit être la même pour la femme *sui juris* ou *filiafamilias*, et que *sa capitis deminutio* doit rester sans influence à cet égard. C'est pourquoi si la femme est *in patria potestate*, non-seulement elle peut empêcher, par son opposition, l'exercice de l'action *rei uxoriæ,* qui appartient pourtant toujours au père, mais encore elle peut souvent intenter elle-même cette action, quand le père est absent ou en état de démence, ou quand sa con-

(1) Une conséquence de ce que la dot est ainsi tout à la fois au mari et à la femme, c'est que si elle est immobilière elle procure à tous les deux l'avantage dont jouissent les possesseurs d'immeubles d'être dispensés de donner la *cautio judicio sisti.* C'est ce que nous voyons dans la loi 15 pr., et § 3 de Macer, au Digeste, *Qui satisdare cogantur*, 2, 10. « *Sciendum est possessores immobilium rerum satisdare non compelli. Si fundus in dotem datus sit: tam uxor quam maritus propter possessionem ejus fundi possessores intelligantur.* »

(2) Cujas, sur le Code, *De jure dotium*, admet que le mari a la chose pendant le mariage : il en a une propriété civile et factice à cause des fruits, de l'administration, des actions, de la jouissance et de la destination dotale ; mais la propriété réelle repose sur la tête de la femme. « Ce « sont, dit-il, deux droits différents, distincts, inégaux. « *Adhibita hac* « *distinctione secundum legem in rebus, facies duos dominos, ejusdem* « *rei. Quid ni ?* » (Voy. Voet, *De jure dotium*, 19.)

duite fait craindre qu'il ne dissipe la dot (1). C'est pourquoi encore si la femme est émancipée, la créance dotale ne continue pas d'appartenir au père comme les autres créances acquises par un fils ou une fille de famille, et ne périt pas non plus par cette *capitis deminutio*, comme périrait un droit attaché à la personne, tel qu'un usufruit légué *per vindicationem ;* mais au contraire l'action *rei uxoriæ* appartient dorénavant tout entière à la femme émancipée elle-même (2). Bien plus, la *media capitis deminutio* n'ôte pas, à la femme déportée, l'usage de cette action pour l'avenir.

18. Réciproquement, si le mari est fils de famille, quoique son père soit le véritable propriétaire des biens dotaux, cette dot n'est point traitée comme le reste de son patrimoine. En effet, que le fils soit émancipé, donné en adoption, exhérédé ou institué pour une partie seulement de l'hérédité paternelle, la dot est toujours distraite du patrimoine du père et suit le fils marié comme les charges du mariage lui-même. Quand le mari subit une *capitis deminutio*, l'obligation relative à la dot ne s'étend pas comme les autres, elle reste attachée à sa personne, et il peut être actionné sans qu'il soit besoin de recourir à la *restitutio in integrum*, afin d'obtenir une *actio utilis* avec *formula fictitia*. Ces observations générales suffisent pour établir que la fa-

----

(1) ff 22, § 4, 10 et 11 : *Soluto matrimonio,* Dig. 24, 3.—ff 8 princ. *De procuratoribus*, 3, 3.

(2) Conférez M. de Savigny, System des heutingen romishen Rechts. t. II, p. 113 à 118.

veur due à la dot faisait fléchir dans beaucoup de cas les règles rigoureuses du droit. Les détails dans lesquels nous allons entrer sur la constitution, la conservation et la restitution des biens dotaux sont dominés par ce grand principe formulé par Paul dans la loi 70, *De jure dotium*, et répété dans la loi 85, *De regulis juris* : «*in ambiguis respondere pro dote melius est* (1). »

CHAPITRE III.

DE LA CONSTITUTION DE DOT.

19. Nous subdiviserons ce chapitre en cinq sections dans lesquelles nous traiterons :

1º De la nature de la constitution de dot ;
2º Par qui elle peut être constituée ;
3º Dans quelles formes se faisait la constitution ;
4º Des choses qui peuvent être constituées en dot ;
5º Des droits des époux envers le constituant.

(1) Voyez des applications de ce principe dans la loi 48 princ., et dans la loi 57 in fine, *De jure dotium.*—Mais ce serait bien mal comprendre ce texte que de lui faire dire que dans un pacte de mariage il faut présumer la dotalité plutôt que la paraphernalité. (V. Cujas, lib. VI, *Quæstionum Pauli*). — M. Odier s'est mépris sur le sens de ce texte dans son *Traité du contrat de mariage*, t. III, p. 67,

SECTION PREMIÈRE.

NATURE DE LA CONSTITUTION DE DOT.

20. La constitution de dot est une opération à double face. Pour le constituant étranger, c'est une opération à titre gratuit parce qu'il ne reçoit rien en échange ; aussi la révocation pour cause d'ingratitude pourrait-elle avoir lieu (1), l'intérêt du mari étant mis hors de cause (2) ; il n'en serait pas de même si la dot avait été constituée par le père, parce que celui-ci étant obligé de doter sa fille, il y a de sa part acquittement d'une obligation et non libéralité.

Pour la femme qui se constitue une dot *de suo*, c'est une opération à titre onéreux, puisqu'elle ne la donne au mari qu'en échange de l'obligation que celui-ci contracte envers elle de pourvoir à ses besoins. Enfin, quant au mari, dans tous les cas c'est pour lui une ac-

(1) V. dans la loi 10 au Code, *De revocandis donationibus*, 8, 56, l'énumération des causes de révocation pour cause d'ingratitude.

(2) Voyez Dig. *Quæ in fraudem creditorum facta sunt et restituantur*, liv. XLII, VIII, ff 25, § 1 de Venuleius, dont on peut tirer a conséquence que la femme pourrait être poursuivie par l'action paulienne alors même qu'elle ne serait pas coupable de la fraude du constituant. « Quod si neuter, id est nec vir nec uxor scierit, *quidam existimant*, « nihilominus in filiam dandam actionem ; quia intelligitur quasi ex « donatione aliquid ad eam pervenisse ; aut certe cavere eam debere, « quod consecuta fuerit se restituturam. »

quisition à titre onéreux ; aussi l'ingratitude de la femme envers le constituant ne peut-elle jamais entraîner la révocation à son préjudice (1), et dans le cas de constitution faite en fraude des droits des créanciers, l'action paulienne ne pourra être intentée contre lui qu'à la condition de prouver sa complicité (2).

C'est pourquoi Marcien, dans la loi 8, § 13, *Quibus modis pignus vel hypotheca solvitur* (Dig. 20, 6), range la constitution de dot parmi les conventions à titre onéreux dont la vente est le type (3). D'où cette conséquence que le mari évincé pendant le mariage a droit à l'action en garantie (4).

SECTION II.

PAR QUI LA DOT PEUT ÊTRE CONSTITUÉE.

§ I. *Dot constituée par la femme.*

21. La dot peut être constituée par la femme elle-même, mais la femme même *sui juris*, étant à l'époque des jurisconsultes en tutelle perpétuelle (5), ne peut

(1) V. loi 24, Code, *De jure dotium*, 5, 12, et loi 7, *De dotis promissione*, 5, 11.

(2) ff 25, § 1, *Quæ in fraud. credit.*, Dig. 42, 8.

(3) Conf. Julien, ff 19, *De obligationibus et actionibus*, Dig. 44, 7. — Voyez au Code, même titre, 4, 10 ; loi 2, de Valer. et Gallien.

(4) ff 16 et 52, *De jure dotium*, 23, 3. V. *Vaticana fragmenta*, § 105.

(5) Gaius, com. 1, § 190 et 191. — Ulp. frag., xi, § 25. — V. Tite-Live, liv. xxxiv, Discours de Caton et Discours de Valerius.

faire cette constitution sans l'*auctoritas* de son tuteur, sauf pourtant le cas où la dot consisterait dans la *datio* d'une chose *nec mancipi* que la femme peut aliéner *sine tutore* (1).

Notre proposition semble contredite par les lois 60 et 61, *De jure dotium*, qui paraissent se contenter du *consensus* du curateur pour la validité de cette constitution lorsqu'elle est faite par la femme pubère. Mais il est fort probable que ces deux textes, dont l'un est de Celsus et l'autre de Terentius Clemens, ont été interpolés par Tribonien, car tous ceux qui nous ont été conservés en dehors des compilations de Justinien, et qui par conséquent n'ont pas subi de remaniement, parlent de la nécessité de donner à la femme un nouveau tuteur et non un curateur, lorsqu'elle veut se constituer une dot et que son tuteur ordinaire est empêché par l'âge, l'absence ou la maladie (2).

(1) Idem Com. ii, § 80.

(2) Idem, com. i, § 178. — Ulp. frag., xi, § 20 et 22. Paul, Vaticana frag., § 110. Au reste, les tuteurs des femmes pubères, à la différence de ceux des pupilles, n'avaient d'autres attributions que d'autoriser certains actes et non de gérer les biens. Les femmes, avant l'introduction de la curatelle des mineurs de 25 ans, géraient elles-mêmes leurs affaires (Gaius, com. i, § 190 et 191). Plus tard il est probable qu'on donna aussi des curateurs aux femmes mineures. Cette coexistence d'un tuteur et d'un curateur est directement prouvée par un texte de Paul, dans les Vaticana frag., § 110.—Conférez Schulting., *Jurispr. antejustinianea* sur Paul, sent. ii, 19, note 31; et M. de Savigny, Beitrag zur Geschichte der Geschlechtstutel, dans la Zeitschrifft fur geschichtliche Rechtswissenchaft, t. iii, p. 347. — M. Pellat admet que la loi 61, de Terentius Clemens, est interpolée, mais il nie l'interpolation de la loi 60 de Celsus. (Voyez textes sur la dot, pages 290 à 292, 2ᵉ édition.)

22. Lorsque le tuteur avait autorisé la constitution de dot, les actes nécessaires pour mettre le mari en possession étaient de la compétence du curateur comme étant des actes d'administration. La loi 60, *De jure dotium*, trace les règles à suivre à cet égard.

23. La dot que la femme pouvait se constituer n'était point limitée. La loi Papia aurait, selon Cujas, apporté certaines restrictions à cet égard (1) et fixé un maximum d'un million de sesterces; mais cette opinion qu'il appuie sur la loi 2 du Code Théodosien, titre *De inofficiosis dotibus*, et sur certains passages de Juvénal et de Martial (2), a été depuis longtemps réfutée (3). Il est aujourd'hui reconnu que la disposition de la loi Papia, à laquelle se réfère la loi 2 du Code Théodosien, est celle qui fixe la quotité qu'un époux peut *capere* à cause de mort de son conjoint. Cette quotité varie suivant les cas depuis 1/10° jusqu'à la totalité des biens (4). Mais un rescrit d'Alexandre Sévère, qui forme la loi 4 au Code de Justinien, reconnaît formellement qu'aucune loi ne défend à la femme de donner tous ses biens en dot à son mari.

24. La dot devait être calculée sur la fortune de la femme, le rang et la position sociale du mari (5). Toute

---

(1) Voyez Cujas, t. **v**, p. 1020, ad leg. 43, *De administr. tutorum*, et sur la loi **72**, *De jure dotium*.

(2) Juvénal, sat. **x**, vers 335. — Martial, **xi**, 23 et 11, 65.

(3) Entre autres par Jacques Godefroy, dans son Commentaire du Code Théodosien, t. **i**, p. 214.

(4) Ulpiani frag., **xv** et **xvi**.

(5) ff 60, *De jure dotium*.

constitution qui dépassait la faculté de la femme était nulle de plein droit pour l'excédant, encore qu'elle eût été faite avec l'autorisation du tuteur (1), si ce tuteur avait été de mauvaise foi; dans ce cas, le mari avait contre lui l'action *de dolo* pour lui faire payer la différence (2). La nullité de plein droit n'a pas lieu s'il est de bonne foi, seulement, s'il n'a pas eu l'intention de donner *de suo*, l'action du mari tendant à lui faire payer ce qui dépasse la fortune de la femme sera repoussée par une exception. Dans le même cas, la femme, si elle n'a pas été trompée, devra donner caution au mari de lui payer l'excédant quand ses moyens le lui permettront. Si elle a été trompée, elle pourra se faire relever de son obligation pour ce qui excède les limites de la dot qu'elle aurait dû se constituer, eu égard à la position du mari et à la sienne propre (3).

25. Dans le cas où une jeune fille épouse le fils de son tuteur (4), il semblerait que la constitution de dot ne peut pas être autorisée par son tuteur, conformément à la règle *tutor in rem suam auctor fieri non potest* (5), puisque cette dot lui sera acquise en vertu de

----

(1) ff 61, princip. eod. tit.

(2) Paulus, ff 43, § 1, *De administratione et periculo tutorum*, Dig., 26, 7.

(3) V. Ulpianus, ff 9, § 1, *De minoribus* xxv *annis*, Dig., 4, 11. — V. Code, *Si adversus dotem*, 2, 34, loi unique d'Alexandre.

(4) Conformément à la volonté exprimée par son père décédé, car un tel mariage n'est possible qu'autant qu'elle lui a été fiancée par le père. V. ff 36 et 66 de Paul, *De ritu nuptiarum*, Dig. 23, 2.

(5) Ulpien, ff 1 et 7, princip., *De auctoritate et consensu tutorum et curatorum*, Dig. 24, 8.

la puissance paternelle; mais la loi 69, § 5, *De jure dotium*, ne s'arrête pas à cette objection, parce que le tuteur paraît ici non pas tant gérer sa propre affaire
que remplir l'office d'un homme de bien en faisant ce
que tout autre aurait dû faire également (1).

§ 2. *De la dot constituée par le père ou un ascendant paternel.*

26. L'obligation légale pour le père de doter la fille
ne date que de la loi Julia, *De maritandis ordinibus*,
qui fit de cette obligation l'objet d'une de ces dispositions (2). L'avilissement du mariage à cette époque, la
nécessité de le favoriser érigée en maxime politique,
amenèrent cette transformation de l'obligation naturelle du père en obligation civile. Ce fut dès lors un
office paternel dont la fille pouvait obtenir l'accomplissement par une action en justice (3).

Il y a au Digeste certaines dispositions qui ne s'ex-
pliquent que comme étant des conséquences de cette
obligation. Ainsi la promesse d'une dot faite sans désigner une quantité déterminée ou sans se référer à l'*ar-
bitrium boni viri* serait nulle si elle émane de la femme

(Pothier, *De auctoritate tutorum*, ii.

(2) Marcianus, ff 19, *De ritu nuptiarum*, 23, 2. « Capite trigesimo
« quinto legis Juliæ, qui liberos, quos habent in potestate, injuria pro-
« hibuerint ducere uxores, vel nubere (vel qui dotem dare non volunt
ex constitutione divorum Severi et Antonini); per proconsules, præsi-
« desque provinciarum coguntur in matrimonium collocare, et dotare.
« Prohibere autem videntur, et qui conditionem non quærit. »

(3) Code de Justinien, loi 14, *De jure dotium*, 5, 12, et loi 7, *De dotis
promissione et nuda pollicitatione*, 5, 11.

ou d'un étranger (1), parce qu'une promesse n'est pas obligatoire quand elle est tellement indéterminée dans son objet qu'on pourrait l'exécuter en donnant une chose sans valeur. Elle sera valable au contraire si la promesse émane du père ou de l'aïeul paternel. Le juge de l'action *ex stipulatu* fixera le *quantum* de la dot promise indéterminément, comme le magistrat fixerait le *quantum* de la dot non promise en prenant en considération les facultés du père et la dignité du mari (2).

27. C'est ainsi encore que l'exception du sénatus-consulte Macédonien ne peut être invoquée contre l'obligation contractée par un fils de famille pour doter sa fille ou sa sœur, en supposant d'ailleurs que le fils ait eu l'intention de faire l'affaire de son père et non la sienne propre (3). En effet, celui-ci se trouve alors tenu envers le préteur par l'action *De in rem verso* dans la limite de ce qu'il aurait eu l'intention de donner lui-même (4). De même l'emprunt fait par l'esclave lui-même pour doter la fille de son maître oblige celui-ci comme ayant tourné à son profit (5), et la fille instituée héritière par son père sous condition de fidéicommis peut prélever le montant de sa dot sur l'hérédité paternelle qu'elle doit restituer (6).

---

(1) Loi 4 au Code, *De dotis promissione.*
(2) Papinien, ff 69, § 4, *De jure dotium*, Dig. 23, 3.
(3) Ulpianus, ff 7, § 5, *De in rem verso*, Dig., 15, 3.
(4) Ulpianus, ff 7, § 2 et Paulus, ff 17, *De S.-C. Macedoniano*, Dig., 14, 6. — V. ff 5, § 8, *De jure dotium.*
(5) Paulus, ff 8 in fine, *De in rem verso.*
(6) Ulpianus, ff 22, § 4 *ad S.-C. Trebellianum*, Dig. 36, 1.

28. Cette obligation du père n'était pas éteinte par
.a circonstance que la fille avait des biens dont le père
n'aurait eu que l'usufruit, par exemple des biens provenant de l'hérédité maternelle. En effet, la loi 7 au Code,
De promissione dotis, livre v, titre xi, suppose précisément que la fille a des biens *quæ acquisitionem effu-
giunt*, et dit cependant sans distinction que le père est
obligé de la doter. Que faut-il décider en cas d'émancipation de la fille? Au premier abord, Marcien, dans
la loi 19, *De ritu nuptiarum*, ne semble parler de cette
obligation qu'à l'égard des filles non émancipées,
mais il faut remarquer qu'il est question dans cette loi
non-seulement du père qui se refuse à donner une dot,
mais aussi de celui qui se refuse de consentir au mariage de sa fille, et c'est pourquoi la loi parle d'une
fille *in potestate*. Mais la loi 7 de l'empereur Justin au
Code, *De dotis promissione*, maintient sans distinction
l'obligation du père malgré l'émancipation ; et en effet
la puissance paternelle n'étant pour rien dans cette
obligation fondée sur la qualité de père et sur un principe de droit public, sa disparition ne pouvait avoir
pour effet de l'anéantir.

29. Le père était tenu de doter sa fille au deuxième
mariage comme au premier, pourvu qu'à la dissolution
la dot qu'il avait constituée lui eût fait retour soit *jure
potestatis*, soit *jure pactionis* (1). Toutefois, si dans

---

1) V. Code, *De rei uxoriæ actione*, 5, 13, dernier alinéa du § 14,
intitulé : *In authent. de æqual. dot.* « Sed quamvis dos potestatis sive
« pactionis jure ad patrem redeat, non tamen licet ei, filia denuo nu-

l'intervalle sa fortune avait diminué, la dot qu'il devait constituer diminuait dans la même proportion.

30. Le père était déchargé de son obligation envers la fille ingrate ou indigne, ou celle qui étant mineure de 25 ans se mariait sans avoir obtenu son consentement (1). L'obligation n'existait pas envers la fille née hors mariage.

31. Lorsque la fille avait des biens personnels, provenant de la succession de sa mère prédécédée, et que le père avait déclaré constituer la dot *tam ex paternis quam ex maternis bonis*, d'après la loi 7 au Code, *De dotis promissione*, la dot ne devait être prise sur les biens de la fille qu'autant que le père était pauvre, et seulement pour ce qui excédait ses facultés. Cette loi fut abrogée par la novelle 21 de l'empereur Léon, qui veut que la dot soit prise moitié sur les biens du constituant, lequel devra seulement parfaire le surplus en cas d'insuffisance des biens du prédécédé (2).

§ 3. *Dot constituée par un extraneus.*

32. La dot pouvait être constituée par toute autre personne que le père, mais alors c'était de la part du constituant une pure libéralité (voyez n° 20), car le père

« bente, deminuere priorem dotis mensuram, nisi forte substantia sua
« decrescat aliqua fortuita clade : tunc enim amplius secundo marito in
« dotem præstare non cogitur, nisi quantum facultates ejus patiuntur. »
(1) Voyez Novelle 115, ch. 3, § 11.

Cujas applaudissait à l'abrogation de la loi de Justinien, loi contraire à l'intention présumable du constituant, qui s'il eût entendu se charger seul de la dot l'eût constituée de son chef et non tant sur les biens paternels que maternels.

seul était obligé en principe. Notons à ce sujet que, quoique les donations entre époux fussent prohibées, la mère avait le droit de constituer une dot à sa fille *alieni juris*. On aurait pu en douter à cause de la possibilité pour le père de redemander un jour cette dot par l'action *rei uxoriæ*, mais on ne s'était pas arrêté à cette objection, parce que si le père redemande les biens constitués, ce ne sera pas là un effet de la donation faite par la mère, mais une conséquence de leur qualité de biens dotaux, puisqu'il aurait l'action *rei uxoriæ*, alors même que la dot aurait été constituée par tout autre (1).

33. Il y avait cependant des cas exceptionnels très-rares où l'obligation de doter s'étendait à la mère elle-même (2). Nous trouvons même dans la loi 19, § 1, de Justinien au Code, *De hæreticis et manichæis* (1, 5), une hypothèse où elle est imposée à la mère à titre de punition. La mère hérétique est obligée de doter sa fille orthodoxe. Enfin, il semble résulter par argument *a contrario* de la loi 12, § 3, *De administratione et periculo tutorum*, que le frère était obligé de doter sa sœur consanguine quand elle était dans l'impossibilité de se marier autrement (3).

(1) Ulpianus, Vaticana frag., § 269.

(2) V. loi 14 au Code, *De jure dotium*, 5, 12. Dioclétien et Maximien : « Neque mater pro filia dotem dare cogitur, *nisi ex magna et probabili causa, vel lege specialiter expressa* : neque pater de bonis uxoris suæ invitæ, ullam dandi habet facultatem. »

(3) M. Ginoulhiac (*Histoire du régime dotal*, p. 69) corrobore cet argument *à contrario* par deux citations, l'une de *Trinumus* de Plaute et l'autre de *Phormion* de Térence. Néanmoins nous doutons fort qu'il

SECTION III.

FORME DE LA CONSTITUTION DE DOT.

La dot peut se constituer soit avant, soit après le mariage contracté (1). Elle pouvait aussi être augmentée pendant le mariage (2); si la constitution de dot précède le mariage, elle est entièrement subordonnée à sa réalisation.

35. Les trois modes employés pour constituer la dot sont : la *dictio*, la *datio* et la *promissio* (3); mais il ne faut pas conclure selon nous que la constitution de dot dût toujours être expresse, car la *datio* peut consister dans une tradition, et il suffit que les choses dotales aient été données ou reçues à titre de dot, « *sive scripta fuerint sive non,* » dit la loi 6 au Code, *De dotis promissione*, et à la dissolution du mariage, il suffisait à la femme ou à ses héritiers de prouver par un mode quelconque que les biens avaient été reçus à titre de dot pour pouvoir en réclamer la restitution (4). Il semble

y ait jamais eu pour le frère une véritable obligation légale de doter sa sœur.

(1) V. Paulus, Vatic. frag., § 110, et Sentences, 2, 21, § 1.—V. Dig., *De pactis dotalibus*, 23, 4, ff 1. pr., ff 12, § 1 et ff 17.

(2) V. loi 19 de Justinien au Code, *De donationibus ante nuptias*, 5, 3.

(3) Ulpiani frag., tit. **vi**, ch. 1.

(4) Loi 25 au Code, *De jure dotium*, 5, 12. Loi unique au Code, *De rei uxoriæ actione*, § 1, 5, 13. Il n'est donc pas nécessaire comme le pense M. Troplong, *Traité du contrat de mariage*, 4ᵉ volume, 3020 à 3025, de représenter un acte. — V. Hasse.

même résulter de la loi 23, *De jure dotium*, au Digeste (1),
qu'il n'est pas nécessaire, quand on donne pas plus que
quand on promet une chose en vue de constituer une
cdot, d'exprimer qu'on la promet ou qu'on la donne pou
cause de dot, et que cette intention peut s'induire des
circonstances, et les lois 36, 38, 48, § 1, 39 et 40, *De
jure dotium*, nous fournissent des exemples de ces sortes
de constitutions où le nom de dot n'est même pas prononcé. Toutefois, si nous ne repoussons pas l'idée d'une
constitution de dot tacite (2), et si nous admettons avec
la loi 69, § 4, *De jure dotium*, que toutes les fois qu'il
était possible d'une manière ou de l'autre de déterminer
l'objet de la dot, la constitution suffisait (3), nous n'al-

(1) Toutefois l'argument tiré de ce texte tombe si l'on admet la correction de Cujas appuyé par ce passage des *Basiliques*, XXIX, 1, 19, t. III,
pag. 365, édition Heimbach : « Ὥσπερ δὲ ἐν τῇ ἐπερωτήσει οὐκ ἀναγ-
καίως προστίθεται οὕτως οὐδέ ἐν τῇ παραδόσει. Il pense que le mot *dotis*
a été transposé par le copiste et qu'il faut lire : « Quia autem in stipu-
« latione dotis non est necessaria adjectio, etiam in datione tantundem
« dicimus; » et par cette *adjectio* il entend la condition « *si nuptiæ*
« *sequantur.* » — M. Pellat approuve la correction de Cujas en l'ap-
puyant sur la scholie, k, 1, du chapitre 17 (ibid, p. 364) : Ἐπειδὴ τοί
νυν ἐν τῇ ἐπερωτήσει τῆς προικός οὐκ ἀναγκαία ἐστι τῆς αἱρέσεως ἡ προ-
σθήκη τουτέστιν οὐκ ἀνάγκη τὴν ἐπερωτηθεῖσαν οὕτως, ὁμολογῶ διδόναι
χίλια νομίσματα, προστιθέναι τὴν ἐπερωτήσεί καί λέγειν ὁμολογῶ διδονι
χίλια μομίσματα ἐάν προβῦσιν οἱ γάμοι· καί ταύτης γάρ ἐκτός τῆς προ-
σθήκης σιωπηράν αἵρεσιν ἡ ἐπερώτησις ἔχει δοκεῖν τὸ αὐτό καί ἐπί τῶν
δεδομένων πραγμάτων λόγω προικός εἶναι φαμέν.

(2) Ainsi que le fait Hasse dans son *Traité de la dot*, chapitre IX,
intitulé : Gibt es eine praesumptive Bestellung der Dos (*Tacita dotis
constitutio*), nach romischem Recht ?

(3) ff 43, *De legatis*, 3º, Dig., XXX. — Loi 3, au Code, *De dotis
promissione.*

lons pas jusqu'à dire que le doute doit toujours s'interpréter dans le sens de la dotalité plutôt que de la paraphernalité, et on ne saurait, sans abuser de la maxime
« *In ambiguis pro dotibus respondere melius est.* » en
conclure que la constitution de dot en termes généraux des biens de la femme comprît même les biens à
venir (1). Quoi qu'il en soit, occupons-nous des principaux modes de constitution de dot expresse, la *datio*,
qui fait acquérir au mari un droit réel, la *dictio* et la
stipulatio, qui lui donnent un droit personnel.

§ 1. *Datio.*

36. La dation s'opère par les modes habituels de
la translation de la propriété, par la *mancipatio* pour
les choses *mancipi*, par la tradition pour les choses *nec
mancipi* (2), par la cession *in jure* pour les deux classes
des choses, sauf pour les fonds provinciaux qui n'ad-
mettent que la tradition. La tradition d'une chose
mancipi la mettra *in bonis* du mari, jusqu'à ce que
l'usucapion, par un ou deux ans, lui en ait conféré la
propriété. Il sera également *in causa usucapiendi*, s'il
a reçu de bonne foi une chose *a non domino*. Mais à

(1) Voët, *De jure dotium ad Pand.*
(2) Quelquefois cette tradition même se faisait avec des modes solen-
nels et en présence des auspices entre les mains desquels on consignait
l'argent dotal pour qu'il fût livré le lendemain au mari.

   « Ritu decies centena dabuntur

   « Antiquo, venit cum signatoribus auspes.

Juvénal, satir. x, vers 293 et 294. — Suétone, Claude, 26, parle
aussi d'une dot *inter auspices consignata.* — Pothier, *Pandectes,*
t. II, p. 24, n° 18.

quel titre usucapera-t-il? Il faut distinguer : si la chose a été estimée, le mari est alors dans la position d'un acheteur et il usucapera *pro emptore* , mais seulement à partir du mariage ; auparavant il ne peut usucaper à aucun titre, ni *pro emptore* puisque la vente n'était réalisée que par le mariage, ni *pro suo* puisqu'on n'avait voulu lui transférer la propriété qu'à titre de vente et au moment du mariage (1) et que l'acheteur sous condition ne peut pas usucaper avant l'accomplissement de la condition (2). Si la chose n'était pas estimée, le mari ne pouvait jamais l'usucaper *pro emptore*, avant le mariage, il usucapait *pro suo*. Si on était censé avoir voulu lui transférer *hic* et *nunc* la propriété, après le mariage il usucapait *pro dote* (3).

37. Cette *datio* peut être faite, soit au mari personnellement, soit à son fils ou à son esclave, mais quoique la propriété lui soit ainsi acquise à son insu, les risques de la dot livrée restent pour le compte de la femme, tant que le mari n'a pas ratifié la tradition ; aussi la femme peut-elle agir par la *condictio ob rem dati re non secuta* , pour exiger du mari qu'à défaut de ratification il lui restitue la chose acquise (4).

(1) Paulus, ff 2, *Pro dote*, Dig., 41, 9.
(2) Idem, ff 2, § 2, *Pro emptore*, 41, 4.
(3) Ulpianus, ff 1, *Pro dote*.
(4) Julianus, ff 46 princ., *De jure dotium.* Julien comparait ici la diction forme spéciale avec la stipulation forme générale dont les principes étaient mieux connus ; mais Tribonien, suivant son usage, a remplacé *dici* par *promitti*. Le mot *patiatur* indique du reste assez qu'il s'agissait de la diction à laquelle il s'applique très-bien, tandis qu'il convien-

38. La translation de propriété d'une chose est indépendante de sa qualité de dotale, la chose n'est dotale qu'au moment du mariage, et il n'y a pas dot sans mariage, mais le mari peut devenir immédiatement propriétaire de la chose qui lui est livrée avant le mariage, si telle est l'intention du *tradens*, et alors le mariage venant à manquer, le mari sera soumis à une *condictio ob rem dati re non secuta;* dans le cas contraire, la tradition n'ayant été faite que sous condition, le mari ne sera propriétaire qu'au moment du mariage, et s'il ne se réalise pas, c'est la revendication qui sera donnée contre lui (1). Au reste, toutes les fois que l'intention contraire n'apparaît pas d'une manière évidente, c'est la translation immédiate de la propriété qui est présumée. Mais le doute ne serait pas possible, si la chose avait été livrée sous la condition expresse *si nuptiæ sequantur* (2).

39. Ce qui a été livré pour servir de dot ne peut être répété tant qu'il est possible que cette destination soit remplie (3). Ainsi la *condictio ex pœnitentia* n'est

----

drait mal à la stipulation. Le scholiaste des *Basiliques,* xlii, 1, sch. d. 1, compare ici ἐπερώτησις, interrogation (*stipulatio*), et ἐπαγγελία, déclaration (*dictio*). V. M. Pellat, *Textes sur la dot*, p. 208, 2ᵉ édition.

(1) Ulpianus, ff 7, § 3, et ff 9. — *Calistrat*, ff 8. eod. tit.

(2) Glück, *Pandectes*, t. xxv, p. 164, note.

(3) Cette impossibilité existerait, dans le cas, par exemple, ou le fiancé, élevé à la dignité de sénateur ne peut plus épouser sa fiancée qui est une affranchie. Terentius, ff 23, *De ritu nuptiarum*, Dig., 23, 2 : « Lege « Papia cavetur, omnibus ingenuis præter senatores eorumque liberos, « ibertinam uxorem habere licere. »

pas admise dans le cas où le mariage ne serait pas valable par suite du défaut d'âge de l'un des époux ou de l'absence du consentement du père, parce que l'obstacle est ici de nature à disparaître un jour ; la répétition ne pourrait avoir lieu qu'autant que les époux se seraient séparés avant la validation du mariage (1).

40. Lorsque quelqu'un a fait une *datio* sous la condition expresse *si nuptiæ sequantur*, et qu'il vient à décéder avant le mariage, quel est le sort de la constitution de dot ? D'après la loi 9, § 1 de notre titre, la propriété ne pourrait passer au mari que du consentement de l'héritier (2), parce qu'un héritier n'est obligé de reconnaître et de subir la volonté de son auteur qu'autant qu'elle a produit ou l'aliénation d'un droit réel ou la création d'une obligation, ce qui n'a pas lieu dans l'espèce, car d'une part le défunt n'a jamais cessé d'être propriétaire, et de l'autre il ne s'est imposé aucune obligation de transférer la propriété. Au contraire, la loi 9, § 2, *De donationibus*, pose en principe que quand la propriété est transférée sous condition suspensive, l'accomplissement de la condition suffit pour

(1) Cette exclusion de la *condictio ex pœnitentia* qui résulte formellement de la loi 8 , *De condictione causa data causa non secuta*, paraît contraire aux lois 3, § 2 et 3, et 5, § 1 et 2 de ce même titre, mais nous pensons que la *condictio ex pœnitentia* n'était pas admise d'une manière générale en droit romain, mais seulement dans les contrats innomés qui ont une certaine ressemblance avec le mandat , ce qui n'a nullement lieu dans le cas de la loi 8.

(2) Le tempérament équitable que contient la fin de la loi 9, § 1, paraît être une interpolation de Tribonien : voyez M. Pellat, *Textes sur la dot*, p. 83, 2ᵉ édit. — *Contra*, Glück, t. xxv, p. 135, et Schulling, *Notæ* ad Dig., ad h. t.

opérer la transmission, encore bien que celui qui l'a consentie ait perdu à ce moment la raison ou la vie ; d'où il résulte qu'un nouveau consentement n'est pas nécessaire et que l'opposition de l'héritier ne peut empêcher cette acquisition de la propriété. Nous ne nous arrêterons pas aux divers essais de conciliation qui ont été infructueusement proposés, il y avait là sans doute une manière de voir différente de Julien et d'Ulpien (1).

§ 2. *Dictio.*

41. La *dictio* de la dot consiste en les paroles solennelles par lesquelles la personne qui constitue la dot déclare au mari que telle chose ou telle somme lui sera en dot : *Fundus Cornelianus doti tibi erit.* On peut conjecturer, d'après un passage de l'*Andrienne* de Térence, que le mari exprimait son acceptation par le mot *accipio* (2).

Cette formule qui ne pouvait être employée que pour constituer une dot faisait naître une *obligatio verborum* et une action qui était probablement une *condictio*

---

(1) La distinction de Cujas entre le cas où la condition s'accomplit avant, ff 2 , § 5, et le cas où elle s'accomplit après l'adition d'hérédité, ff 9, § 1, est tout à fait conjecturale. — V. Cujas, ad lib. LX, Dig., Juliani, t, VI, p. 399. — L'explication que M. de Savigny tire de la loi, *Cincia*, en appliquant le texte de Julien à une donation *ultra modum* d'une chose *nec mancipi*, et celui d'Ulpien à une donation sans mancipation de choses *mancipi*, ne peut se soutenir en présence des § 294 et 312 des Frag. vaticana. — Voyez Uberdie lex Cincia, dans le Zeitschrift, fur geschicht : Reichtwissens, t. IV, 1818, p. 56 à 59.

(2) V. *Andria*, acte v, scène 4.

- *certi* ou *incerti*. La *dictio* ne peut être faite que par la femme, par son père ou un ascendant mâle uni à la femme *per virilis sexus cognationem*, ou par un débiteur de la femme, délégué au mari (1).

Un parent, autre que les ascendants qui viennent d'être désignés, ou un individu non parent ne peut donc s'obliger envers le mari par *dictio* qu'autant qu'il est déjà obligé envers la femme; s'il voulait doter une femme par libéralité, il devait recourir à l'un des deux autres modes de constitution de dot. En conséquence, celui qui par erreur se croyant débiteur de la femme aurait promis au mari par diction aura la *condictio incerti* pour se faire libérer ou la *condictio indebiti* pour se faire rembourser s'il avait déjà payé. Il faudrait donner la même décision quand ce serait la mère elle-même qui aurait constitué la dot par diction. Il résulte du § 100 des *Fragm. vaticana* sainement entendu qu'elle est à cet égard dans la même position qu'un étranger (2). Au contraire, le père qui, se croyant à tort débiteur, se serait engagé par *dictio*, restera tenu envers le mari même après la découverte de son erreur, car indépendamment de cette fausse qualité de débiteur il

(1) Ulpiani frag., tit. vi, § 1 et 2.

(2) M. Ginoulhiac (*Histoire du régime dotal et de la communauté en France*, p. 69, note 1. Mémoire couronné par la Faculté de droit d'Aix) s'est étrangement mépris sur le sens de ce § 100 de Paul qui lui semble en contradiction avec le § 2, tit. 6, d'Ulpien. Il y voit un exemple de *dictio dotis* faite par la mère. C'est une erreur certaine, car le jurisconsulte Paul décide au contraire que cette *dictio* n'est pas valable. « Eam « quæ dicta est a matri, peti non posse. »

possède celle d'ascendant, qui suffit à elle seule pour le rendre apte à la diction (1).

42. La *dotis dictio* devait-elle se faire avant la célébration du mariage? La négative paraît résulter formellement du passage suivant de l'Épitome de Gaïus qui faisait parti du *Breviarium Alarici :* « Sunt et aliæ « obligationes quæ nulla præcedente interrogatione « contrahi possunt, id est ut si mulier sive sponso uxor « futura sive jam marito dotem dicat. » Cependant on conteste l'autorité de ce passage et on argumente en sens inverse du § 1, titre 6, des Fragments d'Ulpien, du § 110 des Frag. vatic. et des Sentences de Paul, xi, 21, 1. Mais ces textes ne nous paraissent pas suffisamment concluants, et peuvent très-bien s'entendre *de eo quod plerumque fit.*

43. La *dotis dictio* pouvait se faire à terme ou sous condition, le caractère solennel de ce contrat verbal ne portait que sur la nécessité de la prononciation des

---

(1) C'est ainsi que doit s'expliquer la loi 46, § 2, *De jure dotium.* La substitution du mot *promisisset* au mot *dixisset* par Tribonien produit dans ce texte un véritable non-sens, puisque la décision qu'il donne n'a plus rien de spécial au père et s'appliquerait aussi bien à un étranger. Conf. ff 78, § 5, *De jure dotium,* et ff 9, § 1, *De condictione causa data,* Dig., 12, 4. Ajoutons que le débiteur de la femme ne peut s'obliger par diction envers le mari qu'autant que celui-ci peut recevoir la chose même qui est due à la femme ; ainsi Marcellus, ff 59, § 1, h. t., ne considère pas comme obligé envers le mari l'héritier qui, institué pour le tout et chargé par fidéicommis de restituer les trois quarts de l'hérédité à une femme, a promis par *dictio* ce qu'il doit à la femme, car la translation des actions ne peut s'opérer, d'après le S.-C. Trébellien, qu'à la personne même à qui le fidéicommis est dû. C'est pourquoi la délégation étant nulle, ce sera à la femme elle-même que l'héritier restituera l'hérédité, et celle-ci l'apportera ensuite en dot à son mari.

paroles, mais il n'impliquait nullement l'exclusion des modalités ordinaires des contrats (1).

C'est ainsi que la loi 76, *De jure dotium*, reconnaît la validité de la *dotis dictio* faite par le père *mortis causa* (2), sauf l'application de la *condictio ob causam dati causa non secuta*, pour le cas où le père revenant à la santé voudrait obtenir sa libération. Il est vrai qu'il en serait autrement de la *dotis dictio* que la femme ferait pour l'époque de sa mort, ou subordonnerait à la condition de sa mort, mais cela tient à ce que la constitution de dot qui en résulte serait faite pour un temps où il n'y aurait plus de mariage et partant plus de dot possible (3).

§ 3. *Promissio.*

44. La *promissio* de la dot n'est que l'application à ce cas particulier de la forme générale de la stipulation, à la différence de la *dictio*. 1° La déclaration de la personne qui s'oblige est nécessairement précédée d'une interrogation à laquelle elle sert de réponse. 2° La promesse par stipulation peut être employée par tout le monde, peu importe que celui qui constitue ainsi la

---

(1) Proculus, ff 125, *De verborum significatione*, Dig., 50, 16.

(2) Ce texte est encore un de ceux où Tribonien a substitué *promiserit* à *dixerit*.

(3) Conférez ff 20, h. t. — Nous ne voyons pas là un *jus singulare*. Si la promesse *cum moriar* (à la différence de *post mortem meam* ou *pridie quam moriar*) est valable, c'est quand elle a pour objet un fait instantané du débiteur, mais non un état de choses ou un rapport de droit qui suppose une certaine durée. V. ff 51, *De usufr. et quemad.*, Dig., 7, 1. — ff 5, *De usu et usufr.*, 33, 2, et ff 46, § 1, *De verb. oblig.*, 45, 1.

dot ait l'intention de se libérer d'une dette antérieure ou de faire une donation à la femme ou de faire l'affaire de celle-ci avec ou sans mandat. La promesse de dot faite par le père présente cette particularité que, si la fille était encore sous sa puissance, il n'était point irrévocablement obligé tant que le mariage n'avait point eu lieu, puisque jusque-là il pouvait, en retirant son consentement au mariage, faire défaillir la condition sous laquelle il était obligé; l'obligation était irrévocable pour lui quand il avait émancipé sa fille, et pour ses héritiers après sa mort, puisqu'alors il était devenu impossible de faire défaillir la condition (1). D'un autre côté la promesse de dot faite par le père eût été valable, quand même il n'aurait pas désigné la chose ou la quantité promise et n'en aurait pas confié la détermination à l'arbitrage d'un *bonus vir* (2).

§ 4. *Autres modes de constitution de dot.*

45. L'acquisition de créances à titre de dot peut avoir lieu non-seulement par *dictio* ou stipulation, mais encore par legs *per damnationem ;* l'action *ex testamento* contre l'héritier était alors acquise : 1° au mari et à la femme si le testateur ne devait pas déjà la dot à titre de stipulation, car dans ce cas la femme et le gendre sont également intéressés à ce que la dot soit léguée ; 2° à la femme seulement si le testateur était déjà obligé

(1) Ulpianus, ff 5, § 14, et ff 44, *De jure dotium.* — Julianus, ff 44, eod. tit.

(2) Lois 1 et 3, au Code, *De dotis promissione.*

envers le mari par une promesse faite sur stipulation ;
celui-ci, en effet, ayant déjà l'action *ex stipulatu*, n'a
pas besoin d'avoir l'action *ex testamento* (1). Dans tous
les cas les époux doivent s'entendre pour n'exercer contre l'héritier qu'une des deux actions, car la dot ne doit
être payée qu'une fois. Pendant le mariage le mari peut
exiger le paiement sans qu'il y ait aucune précaution à
prendre, et la femme ne peut s'y opposer, car la somme
payée à son mari devient aussitôt dotale, et elle aura
contre lui pour se la faire restituer l'action *rei uxoriæ*.
Si c'est la fille qui demande la somme, l'héritier ne devra la lui livrer qu'en s'assurant qu'elle l'emploiera à
se doter ; si elle ne veut pas donner de garantie à ce sujet, elle sera repoussée par l'exception de dol, parce que
le père n'a fait le legs que pour cette destination à laquelle les deux époux sont intéressés.

Avant le mariage le fiancé ne peut exiger le paiement du legs qu'à la charge de donner caution qu'il le
rendra à la femme s'il refuse de l'épouser ; après son
refus d'épouser il ne peut plus demander le paiement,
la femme a seule ce droit, encore bien que le legs ne
puisse remplir la destination, parce que cela n'a pas
dépendu d'elle. Si l'un des futurs époux vient à décéder, l'héritier est déchargé puisque le mariage en vue
duquel le legs était fait est devenu impossible (2). —

----

(1) Telle est la conciliation adoptée par Cujas pour la loi 48, § 1, *De
jure dotium,* et la loi 69, § 1, *De legatis.* Comp. ff 71, § 3, *De condit. et demonstr.*, Dig., 35, 1.

(2) ff 71, § 3, *De condit. et demonstr.*

Remarquons enfin qu'une libéralité pourrait consister aussi bien dans la remise d'une dette que dans une dation ou dans une obligation. La dot peut se constituer par une acceptation, lorsque le mari débiteur est déchargé par son créancier qui le libère dans l'intention que cette libération tienne lieu de dot à la femme ; les choses doivent se passer comme si le mari avait payé à son créancier le montant de ce qu'il lui devait et que celui-ci l'eût ensuite compté en dot au mari. Les détails sur ce dernier mode de constitution de dot trouveront plus naturellement leur place dans la section suivante.

SECTION IV.

DES CHOSES QUI PEUVENT ÊTRE CONSTITUÉES EN DOT.

46. La constitution de dot peut comprendre l'universalité des biens de la femme (1), mais il ne faut pas croire que dans ce cas le mari soit considéré comme un successeur semblable à un héritier, quoique l'objet de la dot soit une *universitas*. Il n'y a point là cette succession *per universitatem* qui entraîne *ipso jure* la transmission des actions actives et passives. La mancipation, la cession *in jure*, la tradition sont toujours nécessaires pour lui faire acquérir la propriété des choses corporelles comprises dans les biens de la femme, il ne deviendra

____

(1) ff 72, *De jure dotium*, au Code, « Nulla lege prohibitum est , « universa bona in dotem marito feminam dare. » — Vaticana frag., § 115.

créancier des débiteurs de la femme, ou débiteur des créanciers qu'au moyen d'une novation. Toutefois, il peut poursuivre les débiteurs comme *procurator in rem suam* de la femme, si celle-ci lui a cédé ses actions; et réciproquement il peut se charger de payer les créanciers, mais ceux-ci ne perdent pas leur action contre leur débitrice; en conséquence, la femme qui en se constituant en dot tous les biens n'a pas entendu conférer au mari tout son actif et restera grevée du passif, peut, quand elle n'a pas encore livré au mari les biens qu'elle lui a promis, retenir de quoi payer ses dettes. Mais quand elle a livré au mari tous ses biens, comment pourra-t-elle lui redemander de quoi satisfaire ses créanciers? On distingue : si elle avait promis par *dictio* ou par *stipulatio* elle peut répéter par *condictio indebiti*, car elle a payé plus qu'elle ne devait, puisqu'elle avait promis *bona omnia* et que *bona non intelliguntur nisi deducto œre alieno* (1). Si elle a donné tous ses biens sans y être préalablement obligée, elle aura l'action *de dolo* ou plutôt une action *in factum* modérée dans l'expression à cause des égards que les époux se doivent entre eux (2). Peut-être aussi pouvait-on lui accorder la *condictio sine causa.*

47. La constitution de dot peut porter sur toute espèce de biens susceptibles de procurer un avantage au mari : corps certains ou choses *in genere*, choses cor-

---

(1) Paulus, ff 39, § 1, *De verborum significatione*, Dig., 50, 16.
(2) ff 11, § 1, *De dolo*, Dig., 4, 3.

porelles ou incorporelles, propriété ou démembrement
de propriété.

En ce qui concerne la constitution d'un usufruit en
dot, plusieurs hypothèses doivent être distinguées.

1º La femme constitue en dot à son mari l'usufruit
qu'elle a sur un fonds appartenant à un tiers. La femme
reste usufruitière, le mari a seulement l'exercice du
droit qu'il rendra à la femme lors de la dissolution du
mariage si elle arrive autrement que par la mort de la
femme usufruitière.

2º La femme est usufruitière d'un fonds dont le mari
est propriétaire, elle lui donne cet usufruit en dot. La
cession *in jure* qu'elle lui fait dans ce but opère une
consolidation (1), et le mari jouira du fonds comme
propriétaire et non comme usufruitier. De là, diverses
conséquences. 1º Il ne sera pas exposé à perdre son
droit par le non-usage. 2º en cas de dissolution
du mariage par le divorce ou par la mort du mari,
l'usufruit ne peut pas être restitué à proprement
parler, puisqu'il s'est éteint, mais il faudra constituer à la femme par cession *in jure* un nouvel usufruit
qui équivaudra parfaitement à l'ancien, puisqu'il repo-
sera sur la même tête (2). 3º Si le mariage se dissout
par la mort de la femme, l'usufruit reste irrévocablement réuni à la propriété du mari, mais il ne retient
rien ici à titre de dot, il profite seulement, comme tout
propriétaire, de la mort de l'usufruitier ; aussi n'aura-

(1) Paul, ff 78, *De jure dotium*.
(2) V. *Basiliques*, t. III, p. 419.

t-il pas à contribuer aux frais funéraires faits pour la femme, tandis que le mari qui gagne la dot serait assujetti à cette contribution (1).

3° Le mari reçoit en dot l'usufruit d'un fonds dont la femme a la propriété. Ici il acquiert un véritable droit d'usufruit qu'il perdra par le non-usage, qu'il gardera toute sa vie si le mariage se dissout par la mort de la femme, et qu'il devra restituer s'il se dissout par le divorce; les fruits de la dernière année se partageant entre lui et la personne qui doit jouir désormais au *prorata* du temps que le mariage a duré pendant la dernière année (2).

Quant au mode de restitution du droit d'usufruit lui-même, il faut distinguer : si la femme est restée propriétaire, elle peut exiger par l'action *rei uxoriæ* que l'usufruit lui soit cédé *in jure* par le mari, si elle ne l'est plus, elle peut exiger que le mari fasse cette cession juridique à l'acquéreur de la nue-propriété.

4o Un tiers a constitué au mari un usufruit sur son propre fonds pour doter la femme. Ici le mari est encore usufruitier, et par conséquent l'usufruit s'éteindra par sa mort, mais en cas de divorce, comment rendrait-il à la femme sa dot qui consiste dans cet usufruit ? Il ne peut lui en faire la cession *in jure*, car, par cette cession, l'usufruit se réunirait à la nue-propriété, et profiterait ainsi non à la femme, mais au nue-pro-

<hr>

(1) Ulpianus, ff 16, *De religiosis* et *sumptus funerum*, Dig., 11, 7
(2) Tryphoninus, ff 78, § 2, *De jure dotium*.

priétaire (1). Pomponius conseille au mari de louer ou de vendre à la femme cet usufruit *uno nummo*, de sorte que le droit lui-même restera au mari, et que la faculté de percevoir les fruits appartiendra à la femme (2).

48. Si la femme se constituait en dot une hérédité, le mari possédait *pro dote* à titre particulier les objets compris dans cette hérédité ; il n'était pas tenu envers le véritable héritier de la pétition d'hérédité directe qui ne compète que contre le possesseur *pro herede ou pro possessore*, mais il était tenu de la pétition d'hérédité utile, afin d'éviter les revendications partielles ; quant à la femme qui était censée posséder encore *pro herede*, elle était tenue de la pétition d'hérédité directe (3).

49. La constitution de dot peut aussi consister en une créance et la femme peut se constituer en dot : 1° la

(1) Du moins suivant l'opinion de Pomponius, ff 66, h. t. ; car selon Gaius, com. II, § 30, l'usufruitier retiendrait son droit, la cession étant sans effet. Nous croyons inutile de chercher à concilier ces deux jurisconsultes qui professaient sur ce point des opinions opposées. Nous ne pouvons non plus nous ranger du côté de l'opinion de Noodt (approuvée par Glück, dans son commentaire sur les *Pandectes*, t. IX, p. 225), qui pense que la loi 66 expose l'effet que le droit ancien attribuait à *l'in jure cessio*, encore usitée du temps de Pomponius, tandis que les *Institutes* parlent de l'effet que la simple *cessio* produit dans le droit nouveau de Justinien. Le passage des *Institutes* de Justinien (ainsi que le fait remarquer M. Pellat dans son *Commentaire des textes sur la dot*) étant puisé dans Gaius qui était contemporain de Pomponius, il est impossible d'admettre un changement dans le droit. (V. M. Pelat, *Textes sur la dot*, 2e édit., p. 301 à 308, et *Traité de la propriété et de l'usufruit*, p. 21.)

(2) Voyez deux autres moyens conseillés par Marcellus, dans la loi 57, *Soluto matr.*, Dig., 24, 3.

(3) V. ff 13, § 10, *De hereditat. petit.*, Dig., 5, 3.

créance qu'elle a contre un tiers qu'elle délègue à son mari *dotis causa*. Dans ce cas, tout est en suspens en attendant le mariage : le débiteur n'est obligé envers le futur mari que sous la condition *si nuptiæ secutæ sint*, mais il n'est plus obligé envers la femme que sous la condition contraire, *si nuptiæ secutæ non sint*. Il faudrait qu'on renonçât formellement à l'union projetée pour rendre à l'obligation première toute son efficacité (1). 2° La créance qu'elle a contre son mari lui-même. Il fallait alors procéder par une acceptilation ou un pacte *de non petendo*, et dès lors l'action primitive de la femme étant éteinte de plein droit, s'il y avait eu acceptilation (2), ou pouvant être repoussée par une exception, s'il y avait eu pacte (3). Ces choses se passent comme si le mari ayant payé sa dette en avait reçu le montant à titre de dot. Ce montant deviendra donc l'action *rei uxoriæ* que la femme intentera à la dissolution du mariage.

50. L'acceptilation faite avant le mariage pouvait, comme la *datio*, produire son effet immédiatement, ou être suspendue jusqu'au mariage, suivant l'intention des parties. Lorsque son effet se produisait sur-le-champ, le mari était libéré, et dans le cas où le mariage manquait, la femme avait non l'action de sa créance primi-

---

(1) V. ff 80 et 83, *De jure dotium*. C'est pourquoi Javolenus critique la décision de Labéon qui pensait que le débiteur délégué pouvait en attendant être poursuivi par la femme, et qu'alors il ne deviendrait plus le débiteur du mari quand le mariage s'accomplirait.

(2) ff 43, § 1, eod. t.

(3) ff 12, § 2, idem.

tive éteinte, mais la *condictio sine causa*, puisque le ci-devant débiteur retiendrait sans cause une somme dont il ne lui a été fait remise qu'en vue d'une constitution de dot devenue impossible. Si au contraire les parties ont voulu que la dette ne fût éteinte qu'au moment où le mariage serait contracté (1), le mariage manquant, la dette n'avait pas cessé d'exister et la femme agissait par son action primitive (2). Si l'acceptilation avait été faite au futur mari par un étranger, son créancier qui veut constituer une dot pour la future épouse et même lui faire une donation à tout événement, c'est-à-dire, soit que le mariage ait lieu ou non, le débiteur est libéré dès à présent, et le mariage manquant, c'est la femme donataire qui doit agir contre le mari par la *condictio sine causa*; mais cette *condictio* ne pouvant lui être acquise par une personne étrangère, il fallait nécessairement supposer pour pouvoir la lui accorder: 1° que l'argent avait été payé par le mari à son créancier; 2° que celui-ci l'avait donné à la femme; 3° que celle-ci l'avait remis au mari en dot (3).

51. Si la femme créancière du mari, au lieu de lui faire acceptilation, lui constitue en dot par diction ce

---

(1) Les lois 4 et 5, *De acceptilatione*, Dig., 46, 4, paraissent prohiber l'acceptilation à terme ou sous condition, mais cela ne s'applique pas aux conditions tacites qui résultent de la nature même de l'opération. V. ff 77, *De regulis juris*, Dig., 50, 17.

(2) Telle est la conciliation que propose Cujas sur la loi 43 princ., *De jure dotium*, avec la loi 10, *De condictione causa data*, Dig., 12, 4. Nous la croyons préférable à celle d'un scholiaste des Basiliques. (Conf., Cujas, t. v, p. 540. — Basiliques, t. iii, p. 378.)

(3) ff 43, § 1, hoc. tit.

dont elle est créancière, Marcellus (f. 44, § 1, de notre titre) attribue à cette diction l'effet d'un pacte *de non petendo*. D'autres tels que Paul, ff 25, et Tryphoninus, ff 77, paraissent lui avoir attribué l'effet d'une acceptilation. L'opinion de Julien, ff 46, § 1, paraît conforme à celle de Paul et de Tryphoninus.

52. La dot ainsi constituée par *dictio* à un mari débiteur pouvait être d'une chose autre que la chose due, si par exemple la femme a dit « au lieu de Stichus que vous me devez, vous aurez en dot dix. » On supposait alors la première dette éteinte par une *datio in solutum* ; ce sera comme si le mari débiteur avait donné en paiement dix mille sesterces au lieu de Stichus, et les avait ensuite reçus en dot.

53. Si la chose due par le mari est un corps certain et que la femme se le constitue en dot, il importe (1) de savoir si la dot consiste dans la chose due, ou dans la libération du mari. On distingue (2). Si lors de la constitution de dot, le mari était en possession de la chose due, c'est cette chose même qui est dotale, car on suppose qu'il l'a payée à la femme, et que celle-ci la lui a rendue à titre de dot ; si, au contraire, il ne la possédait pas, cette fiction est impossible, et alors c'est

(1) Sur l'intérêt de la question, voir M. Pellat, sur la loi 58, § 1, p. 276, 2ᵉ édition.

(2) La distinction faite par Celsus dans la loi 58, § 1, n'a lieu que si l'objet dû est un corps certain; si c'est une quantité, une somme d'argent, par exemple, le mari est toujours censé l'avoir payée à la femme et l'avoir ensuite reçue d'elle à titre de dot. V ff 77 de Tryphoninus. — Pothier, *Pandectes*, n° 18 not.

dans la libération du mari que la dot consiste. Il en serait de même, si le mari quoiqu'en possession de la chose due par lui au moment de la constitution de dot, n'en n'était pas propriétaire.

54. La femme peut s'être constitué en dot par une *dictio* ce que le futur mari lui doit ou le fonds Sempronien. Elle a le droit de choisir entre les deux objets désignés sous alternative celui qui en définitive formera la dot. Ces effets respectifs libératoires et obligatoires des deux parties de la diction sont produits simultanément, sauf à aviser aux moyens pour que le mari ne se prévale pas des deux résultats à la fois. Par exemple, la femme veut-elle que le mari garde comme dot le montant de ce qu'il devait, elle repoussera par une *exception de dol* la demande du fonds que le mari intenterait en vertu de la deuxième clause de la diction. Préfère-t-elle donner en dot le fonds qu'elle a promis, elle demandera, par une *condictio*, la somme dont le mari a été libéré par la première clause de la *dictio*, car il reste libéré sans cause dès que la femme a fixé son choix sur l'autre objet (1). Il pouvait arriver que le choix de ce qui devait être en dot appartînt au mari,

(1) V. ff 46, § 1, h. t. Cujas, t. vi, p. 107, dans sa manière d'expliquer le texte de cette loi, entend les mots *pecuniam marito condicet*, de la *condictio* résultant de la créance primitive, en la supposant contractée par *mutuum* ou par stipulation. M. Pellat, dans son explication, l'entend de la *condictio sine causa*, résultant de ce que la libération opérée pour cause de dot se trouve sans cause dès que la femme a fait choix de l'autre objet pour lui servir de dot, sens plus naturel, car les mots *condictio condicere* sont le plus souvent employés pour exprimer la répétition de ce qu'on a donné ou abandonné pour une cause erronée.

ce qui avait lieu quand la femme s'était constitué ne
dot une créance alternative contre son mari ; celui-ci,
comme tout débiteur d'une dette alternative, avait le
choix de la chose qu'il voulait payer (1).

55. La loi 44, § 1, de notre titre paraît présenter une
autre hypothèse de *dictio* alternative avec une décision
qui ne serait pas tout à fait en harmonie avec celle de
la loi 46, § 1 : « Une femme créancière d'un fils de famille épouse le père de son débiteur et se constitue une
dot en ces termes : Vous aurez en dot ce que vous me
devez, ou ce que votre fils me doit. » Par cette *dictio*,
dit Julien, elle ne contracte pas une obligation, elle ne
s'oblige pas à donner au père le montant de l'obligation civile du fils envers elle dans le second cas, ou le
montant de l'obligation prétorienne du père dans le
premier, mais elle se soumet dans les deux cas à laisser
chez son mari à titre de dot le montant de cette dernière obligation, c'est-à-dire ce qu'elle pourrait obtenir de lui par l'action *de peculio*. Selon Cujas (t. vi,
page 106), si dans cette hypothèse on ne laisse pas à
la femme la faculté de désigner ce qu'elle veut avoir
en dot, c'est que le choix n'a pas lieu quand une
des deux choses comprises dans l'alternative est impossible. Or, ici la femme ne pourrait pas faire que
la dot se composât du montant intégral de la dette
du fils, puisqu'elle ne pourrait fournir au père le moyen
de l'exiger. Mais cette explication est contraire à la

---

(1) Africanus, ff 9, § 1, *De fundo dotali*, Dig., 23, 5.

loi 57 de Javolenus, d'après laquelle la femme peut, par une diction faite au père, se constituer en dot le montant intégral de l'obligation du fils. Il résulte même de cette loi qu'en s'exprimant ainsi : « *quod filius tuus mihi debet id tibi doti erit,* » elle est censée avoir en vue plutôt le montant de l'obligation du fils que celui de l'action *de peculio* ou *de in rem verso* dont le père est tenu. Nous pensons donc que, dans la loi 4⁴, § 1, il ne s'agit plus d'une diction alternative, mais de deux formules différentes de diction : l'une : « *quod mihi debes,* » n'offre pas de difficulté, l'autre « *quod filius tuus mihi debet*» est susceptible de deux sens. La femme a pu entendre par ces mots soit ce qui est dû par le fils, soit ce qui peut être demandé au père par l'action *de peculio* (1) ou *de in rem verso.* Julien et Marcellus ff 44, § 1, paraissent avoir adopté le sens le plus restreint, et Javolenus dans le ff 57, le sens le plus étendu.

56. Lorsqu'une femme à qui est due une dette avec intérêts épouse son débiteur et lui déclare par diction que sa dot se composera de ce qu'il lui doit, la

---

(1) La consistance du pécule pouvant varier d'un instant à l'autre, on choisissait, pour estimer sa valeur, le temps de la constitution de dot s¡ elle a été faite après le mariage contracté, celui du mariage, si elle a été faite auparavant, ff 44, § 1, et ff 45, p. et § 1. — Javolenus, dans la loi 57, suppose sans doute que la constitution de dot a eu lieu au moment même où le mariage se faisait. C'est ce que suppose aussi le scholiaste des *Basiliques*, t. III, p. 394, XXIX, schol. 5, 2. Κατά τόν καιρόν τῆς ἐπαγγελείας. Τουτέστι, κατά τὸν τοῦ γάμου καιρόν. Νόει ὅτι ἐν τῷ καιρῷ τοῦ γάμου γέγονεν ἡ ὁμολόγησις.

dot comprendra-t-elle non-seulement le capital mais encore les intérêts? Elle comprendra seulement le capital et les intérêts qui pouvaient être dus lors du mariage, car, d'une part, suivant Tryphoninus (1), l'obligation primitive est entièrement éteinte par la *dictio* qui a été faite, de l'autre les revenus de la dot doivent rester à celui qui supporte les charges. Cependant les intérêts postérieurs pourraient être convertis en capital dotal par une convention particulière (2).

SECTION V.

DES DROITS DES ÉPOUX ENVERS LE CONSTITUANT.

57. La promesse de dot faite par *stipulatio* ou *dictio* donnait au mari le droit d'en exiger le paiement par une action *ex stipulatu* ou par la *condictio* (3). Les intérêts et les fruits que produit la dot pendant le mariage doivent en principe appartenir au mari, et cette attribution ne lui est point faite à la condition d'appliquer exactement ce revenu aux dépenses que lui impose le mariage et de restituer l'excédant. Il n'a point de comptes à rendre à moins d'une con-

---

(1) Parce qu'il attribue à la *dictio* l'effet de libérer le débiteur *ipso jure*, ff 77, adde ff 25, et ff 46, § 1, h. t., et ff 31, § 1, *De novationibus*, Dig., 46, 2.

(2) Papinien, ff 69, § 1, de notre titre et les Basiliques, xxix, 1, 65, t. iii, p. |466. Γυνή τὸ κεχρεωστημένον αὐτῇ μετά τῶν τόκων ἐπέδωκεν ἐν προικί καί οἱ μετά τόν γάμον ἁρμόσαντες μέρος εἰσί τῆς προικὸς.

(3) V. loi 1 au Code, *De jure dotium*, 5, 12. — Loi 6, idem, *De dotis promissione*, 5, 11.

vention spéciale (1). Ainsi, s'il avait subvenu aux dépenses de la femme, il pourrait demander les intérêts promis à cet effet sans être tenu de justifier que la somme dépensée est égale à la somme due pour les intérêts. Mais si un mariage ayant été contracté en l'absence du mari par l'établissement de la femme au domicile conjugal, celle-ci ayant fourni à ses dépenses avec son argent ou avec celui de son père, le mari de retour serait repoussé quant à la demande des intérêts par l'exception de dol (2).

58. L'action du mari contre le constituant donateur pour obtenir le paiement de la dot était-elle une action *in solidum*, ou pouvait-elle être repoussée par l'exception tirée du bénéfice de compétence (3)? Il semble résulter de la loi 33, *De jure dotium*, que le donateur jouit de ce bénéfice non-seulement envers la femme donataire, mais encore envers le mari. Cependant Paul, dans la loi 41 pr., *De re judicata* (4),

---

(1) ff 60, § 3, *Mandati*, Dig., 17, 1. — ff 69, § 1, *De jure dotium*. — ff 4, *De pactis dotalibus*, 23, 4.

(2) ff 69, § 3, *De jure dot.*

(3) Le donateur a sur les autres personnes jouissant de ce bénéfice deux avantages particuliers. Au lieu de calculer comme pour tout autre les facultés d'après le montant de l'actif sans déduire le passif, on déduit de la valeur des biens : 1° le montant de ce qu'il doit à d'autres qu'à des donataires ; 2° la somme jugée nécessaire afin qu'il ne tombe pas dans l'indigence, *ne egeat*. Tribonien, en généralisant dans la loi 173, *De regulis juris*, l'un des priviléges spéciaux du donateur, celui de retenir, *ne egeat*, a oublié d'en faire autant de l'autre privilége, celui de déduire ses dettes, ce qui rend illusoire celui qu'il a généralisé.

(4) Conf., ff 33, *De novationibus*, Dig., 46. 2, et ff 33, § 3, *De donationibus*, 39, 5.

établit au contraire que celui qui, voulant faire une donation à la femme, a promis au mari à titre de dot, ne sera pas condamné envers celui-ci comme il le serait envers la femme donataire jusqu'à concurrence seulement de ses moyens (1). Il est probable qu'Ulpien, plus enclin que Paul à décider d'après l'équité, a pensé que le mari n'est pas comme un délégataire ordinaire étranger aux relations du déléguant et du délégué, et qu'il doit partager la reconnaissance de sa femme pour le donateur, par conséquent le laisser jouir du bénéfice qu'il pourrait invoquer contre la femme. En tout cas, il est certain que le mari pouvait agir *in solidum* contre le fidéjusseur du constituant (2).

59. Dans l'hypothèse où la promesse de dot aurait été faite par le père de la femme ou par la femme elle-même. Ulpien, dans la loi 33, réfute une opinion rigoureuse de Julien qui mettait l'insolvabilité du père et peut-être même celle de la femme à la charge du mari. « Quel est, dit-il, le juge qui écouterait d'une oreille favorable une femme venant se plaindre de ce que son mari n'a pas forcé au paiement son père qui a

---

(1) Cujas entend le texte de la loi 33 d'Ulpien en suppléant les ellipses comme il suit : « Utrumque parcendum marito qui eum non præcipitavit ad solutionem, qui donaverat *mulieri* quemque *mulier* in id quid facere potest, *si ipsa* convenisset, *condemnatura erat.* » « L'excuse du mari auquel la femme reprocherait sa négligence serait : j'ai ménagé celui que tu aurais ménagé toi-même comme ton bienfaiteur. » Il est inconcevable que M. de Tigerstrom, en parlant de cette loi 33, n'ait pas même signalé les difficultés que son interprétation soulève.

(2) V. ff 55, et ff 63, *Pro socio.*

promis une dot de son propre bien, à plus forte raison quand elle lui reprocherait de ne pas l'avoir actionnée elle-même. » Sabinus n'admettait pas le bénéfice de compétence en faveur du père de la femme, mais Paul le lui accorde, savoir : 1° pendant le mariage sans distinction, parce que l'alliance subsistant, il est pour le mari *parentis loco* ; 2° après la dissolution du mariage, suivant les circonstances, c'est-à-dire lorsqu'il ne s'est pas rendu indigne de ce bénéfice en trompant le mari, en lui promettant, pour le déterminer à épouser sa fille, une dot qu'il savait bien ne pouvoir payer, mais lorsqu'au contraire il était de bonne foi lors de sa promesse (1).

60. Au reste le bénéfice accordé au père est tantôt plus, tantôt moins étendu que celui dont jouit un donateur ordinaire à l'égard du donataire. Ainsi, d'une part, le père n'a pas le droit de déduire ses dettes (2) ; d'autre part, dans le cas où il n'a promis la dot que sous la condition *cum potuerit et cum commodum erit*, non-seulement comme un donateur ordinaire, il peut déduire ses dettes et conserver en outre ce qui est nécessaire à son existence, mais encore il peut distraire de ses biens une valeur suffisante pour soutenir la dignité de son rang (3).

61. Voyons maintenant quels sont les droits que

---

(1) Labeo, ff 84, hoc. tit. — V. Paulus, ff 21, et Pomponius, ff 22 pr. *De re judicata*. Dig., 42, 1. — ff 17, *Soluto matr.*, 24, 3.
(2) ff 16 et 19, *De re judicata*.
(3) V. ff 125, *De verbor. signif.*, Dig., 50, 16.

peut engendrer soit pour le mari, soit pour la femme,
soit même pour celui qui a constitué la dot, l'éviction
d'une chose dotale soufferte par le mari. — Si la dation d'une chose a eu lieu en vertu d'une promesse antérieure faite par diction ou stipulation, le constituant
n'ayant pas exécuté ses obligations puisqu'il y a eu
éviction, reste obligé, et c'est par l'action résultant de
cette obligation que le mari peut exercer son recours
contre lui (1), c'est-à-dire par la *condictio* qui n'est
point éteinte par ce paiement nul.

Si la chose a été donnée en dot sans promesse précédente, il faut encore distinguer si elle a été donnée avec
ou sans estimation. Dans le premier cas, cette estimation valant vente à moins de convention contraire (2),
le mari évincé a contre le constituant l'action *ex empto*
à l'instar d'un acheteur (3). Dans le second cas, le
constituant n'ayant contracté aucune obligation ni par
diction ou stipulation ni par vente, n'est tenu à aucune
indemnité envers le mari évincé, à moins qu'il ne l'ait
trompé en ne l'avertissant pas du danger de l'éviction
qu'il connaissait. Alors le mari aurait contre le constituant l'action *de dolo* ou une action *in factum*, si ses

(1) V. ff 23. 34, et 16, *De evictionibus*, Dig , 21, 2.

(2) ff 3, *Locati*, 19, 2.

(3) Mais à la différence d'un acheteur ordinaire, le mari contre qui la
femme intente l'action en restitution de dot ne pourra se contenter de
rendre le montant de l'estimation donnée à la chose au moment de la
constitution de dot, en gardant l'excédant de l'indemnité sur le prix d'estimation, car il ne doit obtenir aucun bénéfice au détriment de sa femme,
il suffit qu'il ne subisse pas de perte. Conf., V. ff 52, *De jure dotium*

relations avec lui ne permettaient pas l'exercice d'une action infamante. La personne qui a donné de bonne foi la chose d'autrui sans promesse antérieure et sans estimation, est donc à l'abri de toute action en garantie de la part du mari évincé (1).

62. Le mari étant propriétaire des biens dotaux pendant le mariage, il semble que lorsqu'il est évincé du fonds qui lui a été livré, mancipé ou cédé *in jure* par la femme, cette éviction ne devrait pas donner ouverture au profit de la femme à une action en garantie contre son vendeur. Mais la nature exceptionnelle de la propriété dotale ne permet pas qu'il en soit ainsi, car si la femme pendant le mariage n'a point actuellement la propriété des choses dotales, elle a une dot. Cet avantage d'être dotée ne consiste pas seulement en ce qu'elle a une créance conditionnelle, éventuelle pour la restitution de la dot, elle en retire un émolument actuel, puisque les fruits des biens dotaux sont appliqués aux besoins communs, aux charges du mariage, par conséquent employés dans son intérêt et à son profit tout autant qu'au profit du mari.

63. Cela posé, il est facile de comprendre que l'éviction soufferte par le mari réfléchit indirectement sur elle, et par conséquent qu'elle peut agir immédiatement contre son vendeur par l'action *ex empto* ou par l'action *ex stipulatu duplæ*, si elle s'est fait promettre la

---

(1) V. loi 1 au Code, *De jure dotium.* — V. ff 69, § 7, au Digeste, même titre. — C'est sous le bénéfice de ces distinctions qu'il faut entendre Paul, ff 34.

restitution du double du prix en cas d'éviction (1).
D'abord si elle avait donné le fonds au mari avec estimation, le mari évincé aurait eu un recours contre elle
par l'action *ex empto* (2), et l'éviction retombant ainsi
sur elle, son intérêt à agir est évident. Mais quand le
fonds ayant été donné sans estimation, le mari évincé
n'aurait pas d'action contre la femme (3), celle-ci
quoique ne déboursant rien, éprouverait cependant
une perte actuelle qui justifierait son action en recours:
si le mari reconnaissait qu'il est lui-même le propriétaire de la chose que la femme avait achetée *a non domino*, et qu'elle s'était constituée en dot. La femme se
trouvant ainsi sans dot pourrait exercer le recours
contre son vendeur, non par l'action *ex stipulatu* qui
n'est ouverte que dans le cas d'une éviction proprement
dite, mais par l'action *ex empto* (4).

64. Quand le mari n'est évincé qu'après la mort de
la femme, les héritiers de celle-ci peuvent se trouver
dans le cas d'intenter l'action *ex stipulatu duplœ*,
quoique tout espoir de recouvrer la dot soit éteint pour
eux par le décès de la femme *in matrimonio ;* événement qui fait gagner la dot au mari (5), et que par
conséquent ils semblent n'avoir plus d'intérêt. Ils n'en
ont plus en effet si le mari évincé n'a aucun recours

(1) ff 75, *De jure dotium.*
(2) 16, ejusd., tit.
(3) M. Pellat, *Textes sur la dot*, p. 155 et 156.
(4) ff 24, *De evictionibus*, Dig., 21, 2.
(5) Ulpiani frag., VI, 4, 5.

contre eux, et cela a lieu quand le fonds a été donné
sans estimation et sans promesse antérieure ; mais cet
intérêt existe au contraire, si la femme avait promis au
mari *dare ei fundum* ou *prœstare ei, habere licere fundum ;* puisqu'alors ils sont tenus envers le mari en
vertu de cette promesse non accomplie, et qu'ainsi ils
souffrent de l'éviction éprouvée par ce dernier (1).

65. A l'égard du constituant autre que la femme, il
faut distinguer s'il est étranger ou s'il est le père de la
femme. Dans les deux cas, si le mari a recours contre
lui, il peut agir *ex empto* ou *ex stipulatu* contre celui
de qui il tient la chose ; mais si le mari n'a aucun recours à exercer contre lui, le constituant étranger ne
peut agir *ex empto* ou *ex stipulatu*, parce que l'éviction ne lui porte aucun préjudice, tandis que le père
le peut ; en effet, d'après Paul (ff 71, *De evictionibus*),
cette éviction n'est jamais un événement indifférent
pour le père ; il avait intérêt à ce que sa fille restât dotée, soit à cause de l'affection qu'il lui porte, soit à cause
de l'espérance qu'il avait de recouvrer un jour la dot. En
effet, quand la fille est sous sa puissance, il est appelé
à recouvrer la dot qu'il a fournie de quelque manière
que s'opère la dissolution du mariage (2). Quand elle
est émancipée, la dot, il est vrai, ne doit revenir au père
que dans un seul cas, celui où le mariage se dissoudrait

____

(1) 23, *De evictionibus*, Ulpianus. « Sed et si post mortem mulieris
« evincatur, regressus erit ad duplæ stipulationem; quia ex promissione
« maritus adversus heredes mulieris agere potest : et ipsi ex stipulatu
« agere possunt. »

(2) V. ff 25, princ., *Ratam rem haberi*, Dig., 46, 8.

par le décès de la fille (1), puisque dans le cas de pré-décès du mari ou de divorce, la fille *sui juris* intente-rait seule l'action *rei uxoriæ;* mais malgré la faible éventualité, du retour de la dot le père trouve dès à présent, dans le désir de voir sa fille conserver cette dot, un motif propre à donner ouverture à son action récursoire (2).

———

CHAPITRE IV.

DES DIVERSES ESPÈCES DE DOT.

66. La dot est profectice, adventice ou réceptice. Une dot est appelée profectice ou adventice selon qu'il y a ou non intérêt à considérer le point de départ. On la nomme *profectitia*, quand il importe de savoir d'où elle est partie, parce que c'est là qu'elle doit retourner dans certains cas, *eo revertura est unde profecta est.* On la nomme *adventitia* quand le point de départ est indifférent, parce qu'elle ne doit jamais y retourner

___

(1) ff 5, § 11, *De jure dot.* — ff 5, *De divortiis,* 24, 2. — ff 10 princ., et ff 59, *Soluto matrim.,* Dig., 24, 3.

(2) Ce n'est pas le seul cas où l'intérêt d'affection soit admis comme fondement d'une action. Conf., ff 54, princ., *Mandati.* Dig., 17, 1.

de droit. Enfin elle est dite *receptitia* quand le constituant en a expressément stipulé la restitution (1). En
conséquence la dot réceptice n'étant qu'une modalité
de la dot *adventice*, il suffit de bien déterminer le caractère de la dot profectice.

67. Pour que la dot soit profectice il faut qu'elle ait
été constituée par le père ou un ascendant paternel mâle
en cette qualité, ou que si elle n'a pas été constituée
par lui, elle soit du moins à sa charge. Il suit de là que
la dot constituée par la mère n'est plus profectice et
qu'elle est à cet égard dans la même position qu'un
étranger. Elle n'a pas, comme le père, l'avantage de
recouvrer de droit la dot qu'elle a donnée, de même
qu'elle n'a pas la faculté de la constituer par *dictio* (2).
Il importe peu, du reste, que l'ascendant soit adoptif
ou naturel, qu'il ait ou non sous sa puissance la fille à
laquelle il constitue une dot (3). Il suffit qu'il four-
nisse la dot de ses biens en qualité de père.

68. Cette qualité de père est de rigueur, car s'il n'a-
vait promis et payé la dot que comme fidéjusseur, encore bien que l'insolvabilité du débiteur principal rende
inutile tout recours contre lui, la dot, quoique réellement sortie du patrimoine du père, ne serait pas *profectitia*. Il en serait de même si les biens donnés en dot
n'avaient été acquis que sous la condition qu'il les cons-

---

(1) ff 5 pr. et ff 63, *De jure dotium.* — Ulp. frag., VI, § 3, 4 et 5.
— V. ff 6, *De condictione causa data,* Dig., 12, 4.
(2) Frag. vatic., § 100.
(3) ff 5, § 11 et 13, *De jure dotium.*

titnerait en dot à sa fille (1), car le père était obligé à donner cette somme en dot, autrement il eût été soumis à la *condictio ob rem dati re non secuta*. Même décision si le père n'a constitué les biens en dot que sur l'ordre de sa fille émancipée envers qui il était débiteur (2). Lorsque le père est devenu héritier d'un étranger qui avait promis la dot, il a deux qualités pour donner cette dot, celle de père et celle de débiteur. En quelle qualité est-il réputé l'avoir fait? On distingue s'il a donné la dot avant le mariage ou après. Dans le premier cas, comme il dépendait de lui, en rompant les fiançailles et en refusant son consentement, de faire défaillir la condition sous laquelle la dot avait été promise, c'est spontanément qu'il a donné la dot, et dès lors elle est profectice. Si au contraire il l'a donnée depuis le mariage contracté, comme il se trouvait alors définitivement débiteur par l'avénement de la condition, il l'a donnée par nécessité et la dot est adventice (3).

69. Une deuxième condition pour que la dot soit profectice est qu'elle soit sortie du bien du père, c'est-à-dire qu'elle ait diminué son patrimoine. Ainsi ne serait point profectice la dot qui consiste en une hérédité que le père a répudiée pour qu'elle parvînt au mari qui y était appelé comme substitué ou comme héritier *ab intestat* (4). Il est vrai qu'on regarde comme profectice

(1) ff 5, § 6 et 9, eod. tit.
(2) V. frag. 5, § 11, eod. tit.
(3) Même frag., § 14.
(4) Même frag., § 5.

la dot fournie à la fille par celui qui voulait faire une donation au père (1), mais c'est parce qu'on suppose une tradition de brève main au moyen de laquelle la chose, avant d'être constituée en dot, est entrée dans le patrimoine du père.

70. Nous avons vu que la dot était profectice, quoiqu'elle ne fût pas direc'ement constituée par le père et qu'il suffisait qu'elle fût à sa charge. Tels sont les cas où elle a été fournie par son mandataire, par son curateur s'il est prodigue ou fou, par le préteur ou le président de la province quand il était captif. ou enfin par son esclave ou son fils en qualité de *negotiorum gestor* avec l'argent qu'il a emprunté (2). En effet, par une faveur spéciale à la dot, le sénatusconsulte Macédonien ne pouvait être invoqué contre celui qui avait prêté de l'argent au fils de famille *dotis constituendæ causa*, en sorte que le père se trouve civilement obligé dans la limite de la dot qu'il aurait constituée, l'argent emprunté par le fils étant dans cette limite présumé avoir tourné à son profit (3).

71. Nous verrons, en parlant de la restitution lors de la dissolution du mariage, l'intérêt de la distinction de la dot en profectice et adventice.

---

(1) Même frag., § 2.
(2) Voyez pour tous ces cas le frag. 5 d'Ulpien.
(3) ff 17, *De S.-C. Macedoniano*, ff 7, § 5, Dig., 14, 6. — ff 8, *De in rem verso*, 15, 3.

CHAPITRE V.

DES DROITS DU MARI SUR LES BIENS DOTAUX.

72. Le droit de propriété du mari sur les biens dotaux se trouve établi par des textes formels : « *Fiunt res mariti si constante matrimonio in dotem dantur,* » dit Ulpien dans la loi 7, § 3, *De jure dotium* (1). Les Institutes nous montrent la tradition pour cause de dot, comme transférant la propriété et mettant le mari en position d'usucaper la dot *pro dote.* Ce qui prouve bien que la tradition *pro dote* est une *justa causa* et implique la volonté d'acquérir la propriété(2). Le mari peut seul revendiquer les choses dotales contre les tiers possesseurs (3). Enfin nous avons vu que la loi Julia avait dû intervenir pour défendre au mari l'aliénation des immeubles dotaux italiques sans le consentement de la femme, ce qui suppose la reconnaissance de ses droits de propriété.

(1) « Dotale prædium sic accipimus, cum dominium marito quæsitum « est : ut tunc demum alienatio prohibeatur, » dit ce même jurisconsulte dans la loi 13, § 2, *De fundo dotali.* — «Si prædia uxor tua dotalia ve- « numdedit : sponte necne contractum ratum habuerit, nihil interest : « cum rei tibi quæsitæ dominium auferre nolenti minime potuerit, » disent les empereurs Dioclétien et Maximien dans la loi 23 au Code, *De iure dotium,* 12, 5.

(2) Ulpien, ff 3, § 1, *De publiciana in rem actione,* Dig., 6, 2.

(3) V. Idem, ff 9, *De rei vindicatione,* Dig., 6, 1.

73. Ce n'est pas seulement des choses estimées que le mari est propriétaire, car la loi 3, *De publiciana in rem actione*, dit qu'il peut usucaper *pro dote* les choses données sans estimation et en devenir propriétaire, et c'est précisément à des choses non estimées que s'applique la loi Julia (1).

74. Au reste, l'estimation, si elle ne change pas la nature des droits du mari, influe considérablement sur leur étendue. En effet, quand les choses dotales ont été données purement et simplement sans estimation, le mari doit, à la dissolution du mariage, les rendre en nature, il est débiteur d'un corps certain ; en cette qualité, il ne répond de leur perte et de leur détérioration qu'autant qu'elles ont été occasionnées par sa faute, et il ne doit aucune indemnité si elles sont survenues par cas fortuit (2). Si le mari est *un filiusfamilias*, son père encourt la même responsabilité (3). Lorsqu'au contraire la chose a été donnée en dot avec estimation, cette estimation, comme dans les cas ordinaires,

---

(1) Quant aux textes qui semblent contredire cette idée de propriété du mari en considérant la dot comme étant *in patrimonio mulieris*, ff 5, § 3, *Sol matrimonio*, ff 15, pr. et § 3, *Qui satisdare cogantur*, Dig., 2, 10.—Loi 3 au Code, *De jure dotium*,—nous savons qu'on peut les expliquer en ce sens que la femme retire de la dot un émolument actuel, puisque les fruits des biens dotaux sont appliqués aux besoins communs.—V. *supra*, nº 16.

(2) ff 10, § 1, et ff 17, *De jure dotium*. — § 101, Vatic. frag.

(3) V. ff 72, § 1, *De jure dotium*. Il en est de même du *sponsus* si les choses destinées à être dotales lui ont été confiées avant le mariage. Voy. Tigerstrom das romische Dotal Recht, § 33, *Culpa*, des Mannes, tom. 1, p. 335. Comparez Hasse, Die culpa des romischen Rechtes, p. 559, 2ᵉ édit.

vaut vente pour le mari qui est désormais considéré comme acheteur de la chose donnée en dot (1). Mais cette vente est conditionnelle et ne reçoit sa perfection qu'au moment où commence le mariage. Jusque-là, tous ses effets sont suspendus, il en résulte : 1° que la chose livrée au mari pourra, à partir du mariage, être *usucapée pro emptore* (2) ; 2° que le mari est désormais débiteur, non pas d'une chose certaine, mais d'une quantité ; 3° qu'à partir du mariage, les risques de la dot sont à sa charge, sa dette de quantité étant désormais indépendante de la destinée du corps certain donné en dot (3) ; d'autre part il profite des augmentations qui ont pu survenir à la chose, et à la dissolution du mariage, il est complétement libéré envers la femme en rendant le montant de l'estimation (4). Il résulte encore de l'application des principes de la vente conditionnelle que la perte totale de la chose, survenue avant l'accomplissement de la condition, est pour la femme, tandis que la simple détérioration serait à la charge du mari (5).

75. Mais si l'estimation de la chose donnée en dot

---

(1) Pomponius, ff 3, *Locati conducti*, Dig., 19, 2.

(2) ff ' 9, § 4, *De jure dotium.*

(3) ff 10, § 5 et ff 8, princ., *De periculo et commodo rei vend.*, Dig., 18, 6.

(4) V. lois 5 et 10 au Code, *De jure dotium.* — Ainsi l'esclave donné en dot avec estimation étant devenu irrévocablement propre au mari, acquiert désormais pour lui non-seulement *ex rebus mariti* ou *ex operibus suis,* mais même par donation ou par legs. C'est par cette observation que Cujas explique la loi 47.

(5) V. ff 10, § 5, *De jure dotium.*

produit l'effet d'une vente ordinaire, ce n'est qu'autant qu'une convention spéciale ne lui aurait pas attribué un autre effet. Telle serait la convention qui constituerait le mari débiteur sous une alternative de la chose qu'il a reçue ou de la somme à laquelle elle a été estimée. Suivant les principes qui régissent les obligations alternatives, le choix est au mari débiteur, si la convention ne l'a pas réservé à la femme créancière. D'après le même principe, la perte accidentelle de l'une des deux choses réduit l'obligation à l'autre, qui dès lors est l'objet unique de la dette. Si au lieu d'une perte totale, la chose donnée en dot n'a éprouvé qu'une perte partielle, une détérioration, le mari, quand le choix lui appartient, peut se libérer en rendant cette chose dans l'état où elle se trouve (1).

76. L'estimation pouvait être faite avec cette convention, que, malgré cette estimation, le mari serait tenu de restituer la chose en nature ; alors elle ne vaut pas vente et n'a d'autre objet que de déterminer le montant de ce que le mari aura à payer si la chose périt ou est détériorée par sa faute, et de mettre à sa charge tous les faits qu'une surveillance plus complète eût pu empêcher, et dont il n'eût point répondu s'il n'y avait eu estimation (2).

77. L'estimation de la chose donnée en dot étant assimilée à une vente, si la femme l'a faite au-dessous de la juste valeur pour faire donation à son mari, cette

____

(1) ff 10, § 6 et ff 11, eod. tit. — Vat. frag., § 114.
(2) ff 52, § 3, *Pro socio*, Dig., 17, 2.

estimation sera sans effet, et la chose elle-même restera
en dot, car l'interdiction des donations entre époux et la
nullité qui en résulte frappent non-seulement les donations faites ouvertement, mais encore celles qui
sont déguisées sous la forme d'un contrat à titre onéreux, ou mêlées à un contrat jusqu'à un certain point à
titre onéreux (1). Enfin, l'estimation trop faible peut
avoir eu lieu, non dans l'intention de faire une libéralité, mais par erreur ; alors, tandis que dans la vente
ordinaire, le vendeur seul, s'il éprouvait une lésion
d'outre moitié, pouvait, en vertu d'une constitution de
Dioclétien et de Maximien, en obtenir la réparation (2) ;
au contraire, dans l'estimation ou dans la vente *dotis
causa*, la lésion est réparée quelle qu'en soit l'importance
et quelle que soit la partie qui l'éprouve (3). Le juge devant lequel sera portée l'action *rei uxoriæ* est autorisé
par la formule à adopter tous les tempéraments que
lui suggère l'équité dans la détermination de ce que
le mari aura à restituer.

78. Le droit de propriété du mari sur les biens
dotaux, ou la possibilité de les usucaper, entraînait plusieurs conséquences ; ainsi il pouvait joindre sa possession à celle du constituant pour arriver à l'usucapion.

---

(1) Ulpien, ff 12 princ., *De jure dotium*, donne la même décision
soit que l'estimation *donationis causa* ait été faite avant ou pendant le
mariage, mais dans le premier cas la nullité de la donation, quoique logique, est en contradiction avec l'esprit de la règle qui prohibe les dona
tions entre époux.

(2) Loi 2, au Code, *De rescind. vend.*, Dig., 18, 5.

(3) V. ff 6, § 2, et ff 12, *De jure dotium*, au Dig.

Il est du reste, par une conséquence naturelle de la destination de la dot, propriétaire irrévocable des fruits des biens dotaux (1), à moins qu'il n'ait été entendu que la dot se composerait du fonds donné et de ses fruits, de la créance constituée en dot et de ses intérêts (2). Il est propriétaire du croît des animaux, mais non du part des esclaves qui n'est pas considéré comme fruit. Il paraît cependant résulter de la loi 47, *De jure dotium*, et de la loi 31, § 4 *Soluto, matrimonio*, que Julien, dont l'opinion sur ce point n'a pas prévalu, attribuait au mari même le part des esclaves et les acquisitions faites au moyen des hérédités et des legs recueillis par les esclaves (3). D'après la même doctrine, Pomponius, dans la loi 65, *De jure dotium*, n'oblige pas le mari à restituer à la femme l'hérédité et les legs qu'il a acquis par l'esclave dotal, à moins que le testateur ne l'ait voulu.

79. Le mari pouvait affranchir les esclaves dotaux, soit par acte entre-vifs, soit par testament, soit par affranchissement direct ou fidéicommissaire (4), pourvu toutefois qu'il fût solvable et que l'affranchissement ne fût pas fait en fraude des droits de la femme. Dans le

(1) ff 7, eod. tit.

(2) ff 4, *De pactis dotalibus*, Dig., 23, 4. — ff 69, § 1, *De jure dotium*.

(3) Au reste, Julien lui-même, après avoir eu sur ce point une opinion particulière, s'est ensuite rangé à la manière de voir générale dans la loi 45 pr. et § 1, *De adquirenda vel omittenda hereditate*, Dig., 29, 2.

(4) V. ff 21, *De manumissionibus*, Dig., 40, 1. — Loi 1, au Code, *De servo pig. dat.*, 7, 8.

cas où une chose donnée en dot avait été volée, il avait l'action *furti* contre le voleur (1).

80. Le droit de propriété du mari, entraînant comme conséquence logique le droit d'aliéner et de disposer, compromettait l'action en restitution qui appartenait à la femme à la dissolution du mariage, aussi nous avons indiqué, dans notre exposé historique n°s 13 et 14, par quelle série de mesures on chercha à garantir la femme contre ce danger, lorsque la conservation de la dot devint une maxime d'intérêt public. Nous avons à compléter, par quelques détails, l'exposé de ce système de garanties.

81. Pour qu'une aliénation tombe sous le coup de la loi Julia, il faut le concours des trois circonstances suivantes : 1° que le fonds aliéné puisse être considéré comme dotal au moment où s'opère l'acte translatif de propriété ; 2° que l'aliénation eût lieu sans le consentement de la femme ; 3° que l'action *rei uxoriæ* appartienne à la femme, qu'elle l'exerce elle-même ou de concert avec son père, quand elle est restée fille de famille. Cette règle est formulée en ces termes, par Paul, dans la loi 3, § 1, *De fundo dotali* : « Totiens autem « non potest alienari fundus, quoties mulieris actio de « dote competit, aut omnimodo competitura est. »

82. Le fonds est considéré comme dotal en principe au moment où le *dominium* a passé sur la tête du mari (2). En conséquence, si le mari devait à la femme

---

(1) ff 11 au Code, *De jure dotium.*
(2) ff 13, § 2, *De fundo dotali.*

un fonds appartenant à autrui et qu'elle le lui eût promis à titre de dot, le caractère de ce fonds demeurerait incertain, et il ne deviendrait dotal que lorsque la propriété en aurait été acquise au mari (1). Par une fiction favorable à la dotalité, la règle prohibitive de la loi Julia atteindra l'immeuble livré au fiancé, bien qu'il ne devienne dotal, à proprement parler, qu'au moment de la célébration du mariage. En conséquence, Gaius décide que le fonds ne pourra être aliéné (2). La même règle survivait à la dissolution du mariage tant que le mari n'avait pas retransféré la propriété de la dot à la femme ou à ses héritiers, lorsque l'action *rei uxoriæ* leur était transmissible.

83. Si le mariage est dissous par le divorce ou par la mort du mari, la femme intentera l'*actio rei uxoriæ* en tenant pour non avenues toutes les aliénations qui auraient été interdites par la loi Julia. Si elle vient à décéder elle-même, avant que l'instance n'ait été portée devant le magistrat, son droit passera à ses héritiers, pourvu que celui qui doit défendre à l'action *rei uxoriæ* eût été mis en demeure par la femme (3). Au contraire, cette action meurt avec la femme lorsqu'elle a négligé d'exercer, contre le mari ou son héritier, les poursuites qui devaient le constituer en demeure.

84. Il peut arriver même que la femme perde le droit de revenir contre les aliénations du fonds dotal,

(1) ff 14, § 2, eod. tit.
(2) ff 4, et ff 12 pr., *De fundo dotali*.
(3) ff 13, § 3, *De fundo dotali*. — Voy. surtout frag. vatic. § 112. — Ulpiani Regulæ, tit. vi, § 7. — Vat. frag., § 95 et 97.

c'est ce qui arrive quand elle accepte un legs ou la succession de son mari, sous la condition expresse ou tacite de respecter les actes par lesquels il avait disposé de la dot. Cette acceptation équivaut à une véritable ratification de la part de la femme, et l'acquéreur contre qui elle revendiquerait le fonds dotal lui opposerait victorieusement l'exception de dol (1). Ainsi la femme qui a accepté le legs que lui a laissé son mari, pour lui tenir lieu de son héritage dotal, en confirme l'aliénation (2).

85. Si le mariage est dissous par la mort de la femme, l'acquéreur du fonds dotal n'aura à redouter aucune chance d'éviction, dans tous les cas où le mari gagnera la dot (3). Un fait ultérieur est venu effacer le vice originel de l'aliénation, le mari étant tenu, en sa qualité de vendeur, de maintenir l'acquéreur dans la paisible possession du fonds dotal, ne serait pas recevable de revendiquer le même fonds contre lui.

86. Mais, dans le cas où le mari est tenu de rendre la dot au constituant autre que la femme, nous sommes en présence de textes en apparence contradictoires, dont l'un de Paul, ff 3, § 1, *De fundo dotali*, semble réserver exclusivement à la femme le droit de faire tomber l'aliénation indûment faite du fonds dotal, et les autres ff 17, de Marcien, *De fundo dotali*, et ff 42, de Papinien, *De usurpationibus*, paraissent ne mettre

(1) V. Pothier. Pandectes, *De fundo dotali*, 13.
(2) ff 77, *De legatis*, ii.
(3) ff 17, *De fundo dotali*, — ff 42, *De usurpationibus*, Dig., 41, 3.

les acquéreurs à l'abri de toute action en revendication que dans le cas où la dot profite au mari. Si nous consultons le but et les motifs de la loi Julia, nous devons nous en tenir à la règle d'après laquelle l'aliénation n'est considérée comme nulle que si l'action *rei uxoriæ* appartient à la femme. En effet, la prohibition de la loi Julia ayant été introduite exclusivement en faveur des femmes, l'intérêt du constituant, fût-il le père de la femme, est resté en dehors des prévisions de cette loi. Remarquons d'ailleurs que les ff 17, *De fundo dotali*, et 42, *De usurpationibus*, n'exigent pas que la dot vienne profiter au mari pour que les tiers acquéreurs ne soient pas évincés. Ces deux textes statuent sur le cas le plus fréquent dans lequel, en effet, le mari gagnait la dot, mais ils ne prévoient pas ce qui arriverait dans les diverses hypothèses où il serait tenu de la restituer à une autre personne que la femme. Ils n'impliquent donc aucune antinomie avec le principe consigné dans la loi 3, § 1, qui dispose d'une manière plus générale et plus absolue et décide *a contrario* que dans tous les cas où l'action dotale ne compète pas à la femme, on n'a pas à revenir contre les aliénations du fonds dotal. Sans doute le mari serait toujours tenu de restituer la dot profectice ou réceptice, mais la personne, autre que la femme à qui appartiendrait l'action *rei uxoriæ*, ne pourrait exercer son recours que sur les biens du mari, et les tiers acquéreurs du fonds dotal seraient à l'abri de ses poursuites.

87. Nous avons fait connaître, n° 15, les modifications que Justinien avait apportées à la loi Julia. Nous

l'avons vu interdire toute aliénation directe ou indirecte des immeubles dotaux, lors même que les femmes y donneraient leur consentement, et étendre la prohibition des fonds italiques aux fonds provinciaux. Nous avons vu la loi 29, au Code, *De jure dotium*, donner à la femme le droit d'agir pendant le mariage, lorsque la restitution de la dot est compromise par l'insolvabilité du mari, et la loi *Assiduis*, au Code, *Qui potiores in pignorem habeantur* (8, 18), lui conférer une hypothèque privilégiée qui lui assure la préférence même sur les créanciers antérieurs au mariage. Pour compléter le système de la législation de Justinien, nous devons dire quelques mots des innovations introduites par les Novelles.

88. La Novelle 97 exige que les biens composant la donation *anténuptiale* soient d'une valeur au moins égale à la dot. La Novelle 61, chap. 1, § 1 à 3, voulant assurer à la femme le bénéfice de sa donation *propter nuptias*, dispose que le mari ne pourra aliéner ni hypothéquer les immeubles sur lesquels cette donation portait. Mais cette Novelle ne les frappe pas d'une inaliénabilité absolue, elle décide, dans l'intérêt des époux et de la prospérité du ménage, que ces immeubles pourront être valablement aliénés et hypothéqués avec le consentement de la femme, pourvu que le consentement soit renouvelé deux ans après, et qu'il reste au mari des biens suffisants pour remplir la donation à cause de noces. La Novelle ajoute, § 3, *in fine*, que les mêmes règles sont applicables aux biens composant la dot.

89. La règle de la Novelle s'applique à la dot immobilière aussi bien qu'à la dot mobilière, de sorte que la dot est désormais aliénable si le mari peut fournir à la femme son indemnité. Mais ce droit de disposer des immeubles dotaux avec le consentement de la femme, n'offre aucun danger, puisque la validité de l'aliénation était subordonnée à la solvabilité du mari au moment de la restitution de la dot. Au reste plusieurs interprètes du droit romain ne veulent pas que la Novelle 61 s'entende en ce sens. Ce n'est pas, disent-ils, à la fin d'une loi rendue sur une tout autre matière, que Justinien aurait porté une aussi grande innovation à l'économie des sûretés antérieurement établies pour la conservation de la dot et notamment au principe de l'inaliénabilité du fonds dotal ; mais les expressions nous paraissent trop claires pour laisser place à aucune autre interprétation (1).

—

CHAPITRE V.

DE LA RESTITUTION DE LA DOT.

90. Nous divisons ce chapitre en six sections, dans lesquelles nous traiterons 1° du cas, où le mariage man

(1) Cujas, sur la Novelle 16.

quant, le fiancé est tenu de restituer ce qu'il a reçu à titre de dot ; 2° des cas où il y a lieu à restitution, proprement dite, de dot ; 3° à qui et comment doit se faire la restitution de la dot ; 4° qui doit supporter les risques de la dot, et des choses qui doivent être restituées ; 5° des rétentions que le mari aurait le droit d'exercer sur la dot, et 6° de l'action en restitution de dot.

SECTION PREMIÈRE.

CAS OU LE MARIAGE MANQUANT LE FIANCÉ EST TENU DE RESTITUER CE QU'IL A REÇU.

91. Dans le cas de *dotis datio*, si on a livré la chose avec l'intention d'en transférer immédiatement la propriété au futur mari, le mariage manquant, il faut la répéter par une *condictio sine causa* ou *ob rem dati re non secuta* (1). La propriété ayant été transférée dans un but qui ne s'est pas réalisé, le mari est obligé de la retransférer au constituant ; si au contraire on a voulu que la propriété ne fût transférée qu'au moment où le mariage commencerait, le constituant peut la revendiquer, puisque la condition à laquelle était subordonnée .a translation de la propriété ne s'étant plus réalisée, il

______

(1) Ulpien, ff 6, et ff 7 de Julien, *De condictione causa data, causa non secuta* (Dig. 12, 4).—Id. ff. 13, § 1, *De jure dotium.*

est resté propriétaire (1). Si la chose avait été donnée avec estimation, l'intention des parties ayant été que l'estimation ne produisît son effet qu'autant que le mariage suivrait, le fiancé ne sera pas débiteur du prix d'estimation, la chose qui lui a été livrée n'aura pas été à ses risques comme une chose achetée ; c'est donc la chose même et non le prix qui doit être répété (2).

92. Quand la dot a été constituée par la *dictio* ou *sponsio*, l'obligation du constituant étant de plein droit subordonnée à la réalisation du mariage, est nulle dans le cas où il ne se réalise pas.

93. Si la dot a été constituée par délégation d'un débiteur, la condition à laquelle était subordonnée la novation ne s'étant point réalisée, le constituant est resté créancier et peut agir contre son débiteur par l'action de la créance primitive (3). Si c'est la femme qui a délégué *dotis causa* son débiteur au fiancé, et que celui-ci ait payé, c'est lui-même qui peut exercer la *condictio sine causa* contre le fiancé ; mais comme en définitive il ne doit point supporter les risques de l'insolvabilité de celui-ci, puisque c'est pour complaire à la femme qu'il l'avait accepté comme créancier, il sera libéré envers la femme en lui cédant la *condictio* qu'il a contre le fiancé.

---

(1) S'il voulait revendiquer avant la renonciation au mariage (*ante nuntium remissum*), bien qu'*ipso jure* il le puisse étant resté propriétaire, il serait repoussé par une exception de dol ou une exception *in factum* (*si res doti non sit destinata*).

(2) Paulus, ff 17, § 1, *De jure dotium.*

(3) Julianus, ff 7 *in fine, De condictione causa data.*

Enfin, si le délégué n'était pas réellement débiteur de la femme, la *condictio* de ce qu'il a payé lui appartient dans le cas où il a payé ignorant qu'il ne fût pas débiteur. Si au contraire il le savait, la *condictio* appartient à la personne à qui il est censé avoir fait donation de ce qu'il a payé (1).

94. Si la dot a été constituée par acceptilation, il faut distinguer : ou bien elle a été subordonnée à la réalisation du mariage, et alors le constituant peut agir contre le mari comme si elle n'avait pas eu lieu, ou bien elle a produit son effet immédiatement, et alors le constituant peut poursuivre le mari par une *condictio sine causa*, puisqu'il a été libéré sans cause.

95. Dans aucun de ces deux cas il ne peut y avoir lieu à l'action *rei uxoriæ* ou *ex stipulatu* si la restitution a été expressément stipulée, car l'exercice de ces actions suppose qu'il y a dot. Dans les hypothèses que nous venons de parcourir la restitution comprend non-seulement la chose et les accessoires qui n'ont pas le caractère de fruits, mais encore les fruits eux-mêmes, ainsi que le part des esclaves que le fiancé n'eût pu acquérir qu'autant que la chose eût été dotale, et elle ne l'a jamais été puisqu'il n'y a pas eu mariage (2).

---

(1) ff 43, § 1, *De jure dotium.* Rapprochez ff 7, *De condictione causa data.*

(2) ff 7, § 1, *De condictione causa data.* « Fundus dotis nomine traditus, si nuptiæ secutæ non fuerint, condictione repeti potest : fructus quoque condici poterunt. Idem juris est de ancilla, et partu ejus. »

SECTION II.

CAS OU IL Y A LIEU A LA RESTITUTION PROPREMENT DITE DE LA DOT.

96. Il résulte de la destination même de la dot, qu'elle est donnée au mari pour toute la durée de l'union conjugale, c'est-à-dire, pour tout le temps que durent les charges auxquelles elle est destinée à pourvoir : *dotis causa perpetua est* (1). De là, la conséquence que le mari ne peut pas être obligé à la restitution de la dot durant le mariage. Mais la législation romaine est allée plus loin ; par suite de cette considération qu'il est d'intérêt public de conserver aux femmes leurs dots afin qu'elles puissent se remarier (2), la restitution de la dot durant le mariage fut interdite au mari, sauf dans quelques cas déterminés par la loi ; de là deux maximes : 1° le mari n'est pas tenu de restituer la dot durant le mariage ; 2° le mari ne peut pas restituer la dot durant le mariage.

97. La première de ces règles n'admet qu'une exception, c'est-à-dire que la femme peut redemander la dot et qu'elle doit lui être rendue pendant le mariage quand l'insolvabilité du mari met cette dot en péril (3).

---

(1) V. *supra*, ce que nous avons dit sur le ff 1 de Paul, *De jure dotium*.

(2) V. ff 2, eod. tit.

(3) Ulpianus, ff 24, *Soluto matrimonio* (Dig., 24, 3).

Pour cela on avait recours à une fiction d'un divorce, et on accordait à la femme la même action qu'elle aurait eue après la dissolution du mariage. C'est ce que nous apprend Justinien en supprimant la nécessité de cette fiction (1). S'il s'agit d'une dot réceptice, comme le mariage n'est pas dissous, il est clair que le constituant qui a stipulé que la dot lui serait rendue à la dissolution du mariage ne peut pas agir, mais la femme le peut-elle ? Cela paraît peu probable. Nous venons de voir que l'action qu'on lui accorde en cas de désordre des affaires du mari est une *actio rei uxoriæ utilis quasi facto divortio ;* elle obtient ainsi ce qu'elle pouvait demander après un divorce véritable ; or, elle ne pourrait pas demander alors la dot réceptice.

98. La seconde maxime, que le mari ne peut pas valablement restituer la dot à la femme pendant le mariage, se lie à une règle plus générale qui interdit toute convention par laquelle les époux, le mariage une fois contracté, voudraient changer la destination de la dot (2).

99. Cette défense de restituer la dot durant le mariage a pour but principal l'intérêt de la femme à qui il faut assurer la conservation de la dot. Le mari ne doit pas restituer légèrement la dot à la femme, de peur

(1) V. loi 30, au Code de Justinien, *De jure dotium,* 5, 12.

(2) Dans le système de Hasse et de Gluck, cette deuxième règle est motivée par la considération qu'une restitution anticipée est considérée comme une donation du revenu, laquelle est aussi interdite que la donation de tout autre objet qui enrichit la femme aux dépens du mari. V. ff 28, § 6, *De pactis dotalibus,* au Digeste.

qu'elle ne la dépense inutilement, et qu'ensuite elle ne se trouve sans dot lors de la mort du mari, ou lors du divorce toujours possible et si fréquent chez les Romains. Voici les raisons qui nous déterminent à rattacher la prohibition de la restitution de la dot à ce principe plutôt qu'à celui de l'interdiction des donations entre époux.

100.—1° La dot étant dans le patrimoine de la femme, la restitution anticipée constituerait bien moins une donation que le paiement d'une dette avant l'échéance; or, un tel paiement, même entre époux, n'est pas une donation prohibée (1).

2° La prohibition des donations entre époux était une garantie prise dans l'intérêt de chaque époux contre lui-même, mais cette garantie eût été oppressive et la prohibition devait disparaître quand la donation au lieu d'être un acte de faiblesse de la part de l'époux donateur, se trouvait justifiée par les circonstances et ne le privait que de son revenu ou n'enrichissait pas l'autre époux : telles étaient la donation à cause de mort que l'époux pouvait toujours révoquer; les donations *divortii causa*; les présents d'usage entre époux; les donations faites pour aider le donataire à sortir d'une position fâcheuse, la donation d'un esclave pour l'affranchir; en tout cas, la donation de revenus étant licite, l'époux qui voulait se prévaloir de la nullité d'une

(1) Code, loi **20**, *De jure dotium*, 5, 12. — V. Dig., ff **31**, § 6, *De donationibus inter virum et uxorem*, 24, 1.

donation faite à son conjoint, ne pouvait revendiquer que la chose donnée, et non les fruits ou intérêts
de cette chose perçus depuis la donation. Si donc la prohibition de restituer la dot pendant le mariage se fût rat-
tachée à la prohibition de donner, le mari comme donateur n'eût pu réclamer les intérêts perçus pendant le
temps que la femme avait été en possession de la dot ;
or, il le pouvait, et cela du témoignage même de ceux
qui nous montrent comme valable la donation entre
époux des fruits et intérêts (1).

3° Si la restitution anticipée n'était nulle que comme
donation, la validité serait subordonnée à l'avénement
qui amènerait la dissolution du mariage, puisque, dans
le cas où le mari se trouve obligé à restituer la dot lors
de la dissolution, la restitution anticipée n'a constitué
qu'une donation de fruits ou intérêts valable entre
époux, le mari ne pourrait donc rien réclamer avant la
dissolution du mariage ; or, au contraire, nous voyons
qu'il peut pendant le mariage répéter capital et intérêts (2).

4° La prohibition des donations étant tout à fait dans
l'intérêt du donateur, ne peut être invoquée que par lui ;
si donc la prohibition de la restitution anticipée se rat-
tachait à celle des donations, la nullité de cette restitution ne pouvait être invoquée que par le mari qui serait

(1) Loi unique, au Code, *Si dos constante matrimonio soluta fuerit*,
5, 19. — Loi 8 id. *De donationibus inter virum et uxorem*, 5, 16.
— Loi 20, idem, *De jure dotium*, 5, 12. — ff 15, § 1 ; ff 21, § 1 et
ff 17, *De donat. inter vir. et uxorem* (Dig. 24, 1).
(2) Loi 20 au Code, *De jure dotium*.

vis-à-vis de sa femme complétement libéré ; or, au contraire, le mari qui a restitué indûment n'est pas libéré et peut être poursuivi comme s'il n'avait pas restitué (1).

101. Au reste, ces deux prohibitions se ressemblent en un point ; c'est que le mari peut répéter la dot qu'il a restituée prématurément à la femme, comme il peut répéter la donation qu'il aurait faite. C'est sans doute en ce sens que l'on peut entendre la constitution d'Honorius et de Théodose qui forme le titre xix du livre v, au Code, *si dos constante matrimonio solutà fuerit,* qui paraît expliquer la nullité de la restitution anticipée de la dot, par la nullité des donations. *Si constante matrimonio a marito uxori dos sine causa legitima refusa est, quod legibus stare non potest, qui donationis instar perspicetur obtinere.*

102. Cette prohibition pourrait avoir de graves inconvénients, car il y a des cas où il est très-utile pour les époux de pouvoir, même durant le mariage, régler ensemble leurs intérêts respectifs et se libérer l'un envers l'autre, en même temps qu'il n'est pas à craindre que la dot soit dissipée par la femme. Aussi recevait-elle des lois Julia (2) et de la jurisprudence des excep-

---

(1) Cela résulte 1o du ff 27, *De religiosis* (Dig., 11, 7), qui déclare le mari tenu aux frais de sépulture de sa femme, encore qu'il ait restitué la dot pendant le mariage, s'il l'a fait en dehors des cas où cette restitution est autorisée, d'où il résulte qu'il est alors censé ne pas l'avoir restituée ; 2o du ff 1, § 5, *De dote prælegata* (Dig. 38, 4), qui déclare valable le legs de la dot fait par le mari, alors même qu'il a restitué la dot pendant le mariage, s'il l'a fait en dehors des cas où elle est autorisée. Or, la validité du legs suppose l'existence préalable d'une action en restitution.

(2) On admet communément que les exceptions à la défense de resti-

tions qui sont énumérées dans les ff 73, § 1. *De jure dotium*, et ff 20, *Soluto matrimonio*, au Digeste.

103. Le premier cas est celui où, moyennant cette restitution, la femme se charge de pourvoir à son entretien et à celui de ses esclaves, *ut se suos alat* (1). Le mot *suos* ne signifie pas ses enfants, mais les gens, les esclaves attachés à son service (2). On pouvait, lors de la constitution de dot, convenir, par un pacte analogue, que le mari capitaliserait et rendrait à la femme les intérêts de la dot, à condition que celle-ci se chargerait de pourvoir à son entretien et à celui de ses gens (3). Ces décisions reposent sur cette idée, *réunir sur la même tête le revenu de la dot et les charges auxquelles ce revenu doit subvenir.*

104. *Deuxième cas.* — Celui où la femme a des dettes à payer : *ut œs alienum solvat* (4). Ce motif ne paraît pourtant pas suffisant ; car d'après la loi 28, *De pactis dotalibus*, on ne peut pas convenir pendant le mariage qu'un créancier de la femme sera payé sur les

tuer la dot avaient été introduites par une des lois Julia. M. Franke, Archiv. fur die civilistiche praxis, 1834-1835, t. XVII, p. 158-472, et t. XVIII, p. 1 à 36, n'hésite pas à avancer que la défense elle-même, avec ses principales exceptions, a été établie par une des lois portées sous Auguste, sans doute par les lois Julia et Pappia Poppœa. Il n'y a, en effet, aucune raison de supposer que la défense soit plus ancienne que les exceptions.

(1) V. Paulus, ff 73, § 1, *De jure dotium*, au Digeste.

(2) Ulpianus, ff 21, § 1, *De donationibus inter virum et uxorem*, idem.

(3) Idem, ff 4, *De pactis dotalibus* (Dig. 23, 4).

(4) 20, *Soluto matrimonio* (Dig. 24, 3).

fruits du fonds qu'elle a donné en dot. Or, s'il y a une donation illicite quand on a employé à cela les fruits, *a fortiori* quand on y a employé le capital. Il faut, pour expliquer cette décision, supposer que la femme n'a pas de biens paraphernaux qu'elle puisse appliquer au paiement du créancier qui la presse ; alors la restitution de la dot n'est pas considérée comme une donation que lui fait le mari, mais comme un secours qu'il lui accorde dans un besoin pressant. On peut aussi supposer que la femme a des paraphernaux suffisants pour payer sa dette, mais que ces biens étaient beaucoup plus productifs que le fonds dotal; il est de l'intérêt des époux de vendre celui-ci et de conserver les autres biens. Cette hypothèse est même formellement prévue par Scévola, ff 85, *De jure dotium.*

105. *Troisième cas.* — Celui où il s'agit d'acheter un *fundum idoneum.* Quel est le sens de ces mots *fundum idoneum?* Quelques interprètes (1) l'entendent d'un fonds dont la femme a besoin pour donner une garantie à un fidéjusseur, qu'elle est obligée de fournir, et qui ne veut pas s'engager sans assurer son recours contre elle par une hypothèque. On peut supposer par exemple que la femme a besoin de donner la *cautio damni infecti* pour une maison dont elle a l'usufruit (2), ou bien qu'elle est héritière et tenue de donner

(1) Hasse, Versuch einer genaueren Auslegung der, l. 73, § 1, *De jure dotium*, und der, l. 20, *Soluto matrimonio*, dissertation publiée dans le Zeitschrift fur geschichti Rechtwissenschaft, t. v, 1825.

(2) En qualité d'usufruitière, elle ne doit pas *nuda repromissio*, comme le propriétaire, mais *satisdatio.*

caution avec fidéjusseur, pour les legs à terme ou sous
condition. Dans tous ces cas la femme ne trouvera pas
facilement de fidéjusseur, si elle ne peut leur offrir des
sûretés pour leur remboursement ; or la meilleure est
une hypothèque sur un immeuble, car l'hypothèque
des meubles plus susceptibles de dépérissement et de
détournement n'offre pas la même sécurité.

Elle peut encore avoir besoin d'un immeuble pour
l'hypothéquer à un créancier, qui menace de demander
immédiatement un paiement que les circonstances
rendraient très-onéreux, afin d'obtenir un délai de ce
créancier. Le mari vient alors à son secours en lui procurant, par la restitution anticipée de l'argent dotal, les
moyens d'acheter cet immeuble. Il n'obtiendra pas le
même résultat en achetant lui-même avec l'agrément
de la femme un fonds qui deviendrait dotal, puisque,
d'après la loi Julia, il ne serait plus possible de l'hypothéquer, malgré la volonté concordante des deux époux.

Cette explication ingénieuse a le tort de donner au
mot *idoneus* un sens qu'il n'a point par lui-même,
celui de garantie suffisante ; *idoneus* ne signifie autre
chose que *propre à remplir un but proposé*. Nous
pensons donc qu'il faut entendre simplement par *fundus
idoneus*, le fonds qui remplit bien le but qu'on se propose en achetant un fonds, c'est-à-dire qui offre à
l'acheteur un placement sûr et avantageux (1) de son

(1) Les termes : εὐπορωτερός, ἀξιόπιστος, ἐπιτήδειος, dont le rédacteur
des *Basiliques* s'est servi dans différents passages pour traduire le mot
idoneus, confirment les ens que nous lui donnons.

argent. Comme les Romains considéraient comme fort avantageux le placement de l'argent en achat d'immeubles, et comme d'un autre côté les femmes ne pouvàient aliéner leurs immeubles sans l'autorisation de leurs tuteurs, on comprend que l'achat d'immeubles d'un bon rapport était une juste cause suffisante pour légitimer la restitution anticipée; bien entendu, le fonds *idoneus* acheté avec les deniers restitués ne devenait pas dotal, sans quoi la restitution eût été bien inutile, le mari pouvant opérer par lui-même l'échange d'un meuble dotal contre un immeuble qui devenait dotal, et réciproquement.

106. *Quatrième cas.* — La femme veut subvenir aux besoins de ses proches parents, les retirer de captivité ou leur fournir des aliments pendant leur exil ou leur rélégation. L'esprit de la règle qui défend les donations entre époux est de mettre obstacle à ce qu'un époux faible se dépouille pour enrichir un époux avide, mais non à ce qu'un époux compatissant fasse quelque sacrifice pour venir en aide à son conjoint malheureux. On conçoit donc qu'il n'y a pas donation prohibée, quand le mari, partageant le sentiment de commisération qui porte la femme à secourir ses parents, lui fait dans ce but une restitution anticipée de la dot. Les parents indiqués par Paul dans les lois 73 *de jure dotium* et 20 *soluto matrimonio,* sont les enfants d'un premier lit, les ascendants, les frères et sœurs, mais le jurisconsulte répète *egentem virum,* et l'interprétation de ces mots soulève les plus graves difficultés. L'explication qui nous paraît la plus raisonnable, si on veut

conserver le texte tel qu'il est, serait celle de Hasse (1), d'après laquelle il s'agirait d'un premier mari (2); on conçoit que la femme quand elle s'est séparée de lui *bona gratia* soit portée à le secourir s'il est malheureux. D'ailleurs pour soutenir les enfants qu'elle a eus de ce premier mari, il faut bien s'ils sont sous sa puissance qu'elle lui vienne en aide à lui-même, puisque les enfants ne peuvent rien recevoir qui ne soit acquis à leur père. Il y a ainsi harmonie entre les deux cas indiqués par Paul, l. 73, § 1, *ut egentem virum sustineat et* l. 20, *Soluto matrimonio, ut liberis ex alio viro egentibus consuleret.*

107. Mais il nous paraît peu probable que si le jurisconsulte eût voulu parler d'un premier mari divorcé, il se fût servi simplement du mot *vir*, sans chercher davantage à l'éclaircir. Il est à croire qu'au lieu de *egentem virum*, la loi 73, § 1, portait *egentem ex alio viro filium*, répétant ainsi l'idée exprimée dans la loi 20 par les mots *liberos ex alio viro.*

108. Il n'est pas nécessaire pour la validité de la restitution que la dot restituée ait reçu réellement l'emploi qui l'avait motivée. Les termes *non perdi-*

---

(1) L. C., p. 323-326.

(2) M. Francke croit qu'il s'agit du mari actuel. Il suppose qu'il est placé sous la puissance paternelle et que le père veut se débarrasser du fardeau de l'administration et des charges du mariage, mais il n'a pas confiance en son fils, alors il restitue la dot à sa bru qui se charge de pourvoir elle-même aux besoins de son mari.

Conférez Gluck, *Pandecten*, t. XXVII. M. de Vangerow, Leitfaden, § 218; Aumerk, 2, t. 1, p. 320 et suivantes, a adopté le système de M. Francke.

turæ uxori de la loi 73 signifient seulement que le mari ne doit pas remettre légèrement la dot à sa femme, si le caractère de celle-ci lui fait craindre qu'elle ne la perde ; il pourra, selon les cas, faire lui-même du consentement de sa femme l'emploi projeté de la dot ou s'abstenir de la restituer (1).

109. Quand les circonstances ont rendu inutile la restitution de la dot, le mari peut en général la redemander, car cette restitution est faite *ob causam* et il aura à cet effet la *condictio ob causam datorum*, à moins que les choses dont se composait la dot n'aient péri par accident ; mais il est libéré malgré la perte ultérieure de la dot, s'il l'a restituée dans des conditions telles qu'il ne pouvait prévoir cette perte.

110. La défense de restituer ayant pour but de conserver à la femme sa dot pour l'avenir, ne nous paraît pas devoir s'appliquer à la dot réceptice, puisque la femme n'y a aucun droit à la dissolution du mariage. La restitution que le mari en ferait pendant le mariage au constituant, serait un paiement par anticipation d'une dette non échue. On ne voit pas par quelle action elle serait attaquable, puisqu'il n'y aurait ni donation prohibée, ni restitution contraire à la loi Julia.

____

(1) ff 73, § 1 *hoc titulo*, comparé avec les ff 21 et 22, § 1, *Sol. matr.*

SECTION III.

A QUI ET COMMENT DOIT SE FAIRE LA RESTITUTION DE DOT.

111. Nous venons de voir que la restitution de la dot ne pouvait avoir lieu pendant le mariage, sauf dans quelques cas exceptionnels. Examinons maintenant comment cette restitution doit avoir lieu après la dissolution. A cet égard il faut distinguer plusieurs hypothèses.

112. 1° Le mariage s'est dissous par la mort de la femme : si la dot est profectice, elle retourne à l'ascendant qui l'a constituée (1). Ce retour légal était une faveur fondée sur le motif qu'il ne fallait pas ajouter à la douleur que lui faisait éprouver la mort de sa fille, le regret de perdre la dot qu'il lui avait donnée (2). Le retour ne s'opéraït qu'autant que l'ascendant qui y avait droit existait au moment de la dissolution du mariage par la mort de la femme ; dans le cas contraire, le motif du retour ayant disparu, la dot restait au mari. En effet, l'action *rei uxoriæ* ne passe aux héritiers soit de la femme, soit du père, qu'autant que le mari a été mis en demeure par leur auteur (3).

(1) Ulpiani fragm., titre **VI**, § **4.**
(2) ff 6, *De jure dotium.*
(3) Mais il n'est pas nécessaire qu'il y ait eu *litis contestatio* ; Ulp. fr., t. **VI**, § **7.**—Vaticana frag., 95 à 97. — Le frag. 112 présente le procès-verbal d'une interpellation devant le magistrat, propre à mettre le mari en demeure.

Alors même que le constituant serait vivant, si les biens avaient été confisqués, le mari n'aurait pas non plus à restituer, car la dot rendue au père lui aurait été immédiatement enlevée par le fisc. Toutefois la dot devait être restituée au fisc lorsqu'elle avait été constituée en fraude de ses droits (1).

113. La dot profectice était restituée au père, alors même que la femme mourait émancipée. Le motif est le même que dans le cas où elle n'est point sortie de la puissance paternelle ; en outre, la dot étant profectice et faisant retour au père alors même qu'elle avait été constituée à une fille déjà émancipée, il n'y avait pas de raison pour qu'il en fût autrement quand la fille n'avait été émancipée qu'après la constitution de dot (2).

114. Si la dot a été donnée par l'aïeul et qu'il soit mort au moment où le mariage se dissout par le décès de la femme, Labéon, d'après Servius, décide dans la loi 69, *De jure dotium*, qu'elle ne retourne pas au père. Cette décision, dit Pothier (3), paraît fondée sur les principes rigoureux du droit, d'après lesquels une dot n'est profectice qu'autant qu'elle sort du bien ou provient du fait de l'ascendant ; mais d'après l'é-

---

(1) V. ff 8, § 4, *De bonis damnat.*, texte restitué par Cujas, d'après les *Basiliques*.

(2) ff 5, § 11, *De jure dot.* Cette solution peut être contestée par un argument *à contrario*, tiré de la loi 4 au Code, *Soluto matrimonio*, mais elle est confirmée par des textes positifs, ff 5, *De divortiis et repudiis* (Dig. 24, 2, et ff 10 et 59, *Soluto matrimonio*. V. M. Pellat, *Textes sur la dot*, pages 66 et 67, 2e édition.

(3) Pandectes, *Soluto matr.*, 2. — Gluck, *Pandecten*, xxv, p. 51, adopte cette manière de voir de Pothier.

quité on peut décider que l'aïeul dotant sa petite-fille, à cause de son fils père de celle-ci auquel incombe en premier lieu le devoir de doter sa fille, cette dot sera rendue à celui-ci en considération de qui elle a été donnée, et telle est en effet la décision de Celsus ff 6, *De collatione* (Dig. 37, 6) (1).

115. Dans ce cas de dissolution du mariage par le prédécès de la femme, si la dot est adventice elle reste toujours au mari, elle ne retourne au constituant qu'autant qu'il a stipulé le droit de retour. La mère à cet égard n'est pas mieux traitée qu'un étranger, elle ne jouit pas du même bénéfice que le père (2). — Notons même que les héritiers du mari n'en devaient pas la restitution dans le cas où le mari et la femme étaient morts dans le même événement (3). Mais Justinien a modifié cette législation ; d'après sa constitution, ni la dot profectice après la mort de l'ascendant qui l'a constituée, ni la dot adventice ne restent au mari ; l'action *rei uxoriæ* passe aux héritiers de la femme qui ont toujours présumé avoir stipulé pour elle le retour de la dot adventice (4).

---

(1) Suivant une autre conciliation proposée par Pacius, *Leg. conciliat.*, cent. v, qu. 55, ces deux lois ne prévoient pas la même espèce. La loi 79 suppose un aïeul qui a doté sa petite-fille par affection pour elle et sans songer à rendre service à son fils, et la loi 6, un aïeul qui a doté dans l'intention d'accomplir le devoir à la décharge de son fils. Cette conciliation nous paraît bien conjecturale. V. les observations faites par Tigestrom, *Das Romische Dotal recht*, § 47, *wem wird die dos restituirt*, t. ii, p. 95.

(2) Ulpiani Regul., titre vi, § 5. — Vaticana frag., § 100.

(3) ff 32, *De relig.* (Dig. 11, 7).

(4) V. loi unique au Code, *De rei uxoriæ actione*, § 6 et 13.

116. *Deuxième hypothèse.* — Le mariage est dissous par le divorce ou par la mort du mari. La dot doit être restituée par le mari ou ses héritiers : 1° à la femme seule si elle est *sui juris* à l'exclusion de son père et des héritiers de celui-ci, eût-elle été même exhérédée (1). Elle pourrait même agir en restitution contre son propre père, si celui-ci avait été institué par le mari (2); 2° à celui sous la puissance duquel elle se trouvait si elle était *alieni juris*. Toutefois celui-ci, fût-il le constituant lui-même, ne pouvait réclamer la dot qu'avec le consentement de la fille (3). Ce n'était plus alors à titre de constituant donateur qu'il recouvrait la dot, mais à titre de *paterfamilias* exerçant les actions de sa fille qui était soumise à sa puissance et à qui il devait conserver la dot pour le cas où elle se remarierait. La conservation de cette dot est un droit pour la femme, aussi lorsque le père, qui du consentement de la fille a redemandé la dot au mari, meurt avant le paiement, c'est à la fille et non aux héritiers du père qu'appartient l'action *judicati* et que doit être fait le paiement de la dot (4).

117. La question d'origine de la dot est donc ici indifférente, la fille *sui juris* peut demander seule, même la dot profectice, excepté au cas où elle aurait divorcé,

---

(1) Idem, § 11 et 14.

(2) ff 44, pr. : *Soluto matrimonio.*

(3) Cependant, dans certains cas où le père est dans l'impossibilité d'intenter l'action, la fille même *alieni juris* peut agir seule. V. ff 22, § 4, 10 et 11, *Soluto matrimonio*, ff 65, *De solutionibus et liberat.*, 46, 3. ff 24, *De jure dot.*

(4) ff 31, § 2 et ff 66, § 2, *Soluto matrimonio.*

pour empêcher qu'après sa mort *in matrimonio*, la dot ne retournât à son père (1). Réciproquement, le père a besoin du concours de la fille soumise à sa puissance pour se faire restituer la dot qui vient de lui comme pour exiger celle qui vient d'une autre personne (2).

118. Quand nous disons que le père ne peut intenter l'action en restitution sans le consentement de la femme, cela suppose qu'elle est en position de donner ce consentement aussi bien que de le refuser, car s'il en est autrement, si elle est morte après l'événement (divorce ou mort du mari) qui a donné ouverture à son action et à celle de son père, celui-ci peut intenter l'action, quoiqu'il ne puisse prouver le consentement de sa fille, la mort de celle-ci ne devant pas lui nuire ni profiter aux héritiers du mari (3).

SECTION IV.

QUI DOIT SUPPORTER LES RISQUES DE LA DOT. — DES CHOSES
QUI DOIVENT ÊTRE RESTITUÉES.

119. Les règles de la respousabilité du mari à l'égard de la dot diffèrent suivant la nature des choses dont elle était composée. Si la dot consiste en quantités, comme il n'est pas supposable que le mari les

(1) ff 5, *De divortiis* (Dig. 24, 2).
(2) ff 7, ff 22, § 2 et 5, ff 34, *Sol. matr.*
(3) ff 25, *Ratam rem haberi* (Dig. 46, 8).

ait toujours gardées à sa disposition et que ce serait peut-être lui porter un grave préjudice que de lui en demander la restitution à l'époque fort incertaine de la dissolution du mariage, on a jugé équitable de lui accorder un délai. Il fera la restitution en trois ans, un tiers chaque année (*annua, bima, trima die*), à moins qu'il n'ait été convenu qu'il la restituerait dans un délai plus bref et même sur-le-champ. Si la dot consiste en corps certains non estimés, c'est-à-dire si le mari doit restituer identiquement les choses mêmes qu'il a reçues, il ne jouit d'aucun délai. En effet, ou il a conservé ces choses et alors il peut les rendre de suite sans qu'il en résulte aucun préjudice pour lui, ou il ne les a pas conservées et alors il est en faute, et la faute ne doit pas lui procurer un répit qu'il n'aurait pas eu d'ailleurs (1).

120. La restitution s'opère pour les corps certains dont la propriété avait été transférée au mari par une translation nouvelle qu'il est obligé de faire à celui à qui il restitue. Son obligation est éteinte si la chose a péri par un événement qui ne lui est pas imputable, car le mari répond de la conservation des choses dotales qu'il doit restituer en nature, et sa responsabilité ne se borne pas au dol ou à la faute lourde comme celle du dépositaire qui n'a aucun intérêt dans l'affaire et qui s'oblige à titre purement gratuit, elle s'étend à la faute légère parce qu'il a intérêt à recevoir une dot (*quia causa sui dotem accipit*). Seule-

____
(1) Ulpiani regul.; t. vr, § 8.

ment nous pensons qu'il s'agit de la *culpa levis in concreto*, et que le mari comme l'associé s'est astreint seulement à *præstare diligentiam quam suis rebus adhibet* (1). Il n'y a pas sans doute entre les deux époux une société formelle, puisque les biens apportés en dot ne deviennent pas communs et appartiennent exclusivement au mari, mais au fond le but pécuniaire qu'il s'agit d'atteindre, savoir, de soutenir les charges de mariage, est un but commun aux deux époux. Il est donc vrai de dire qu'en se constituant la dot, la femme se confie au mari comme à un associé dans un intérêt pécuniaire commun (2). Suivant M. Bethmann-Hollweg (3), le véritable motif se trouve dans la nécessité pour le mari de disposer comme chef de famille librement, durant le mariage, de la dot comme de sa propre fortune, et par conséquent de donner à la *res uxoria* seulement les soins qu'il donne à ses propres biens.

121. Quand la dot était de choses fongibles ou de corps certains estimés, la restitution s'opérait par le

---

(1) Paulus, ff 17, *De jure dotium.* C'est le texte de cette loi qui peut servir pour l'interprétation des passages moins explicites que notre loi 17 et qui parlent simplement de la *culpa.* Tels sont, par exemple, la loi 23, *De regulis juris,* au Digeste, 50, 17, et le § 101 des *Fragmenta Vaticana.*

(2) ff 52, § 3, *Pro socio* (Dig. 17, 2).

(3) Voyez appendice IV, page 572 de l'ouvrage de Hasse, intitulé : Die culpa des romischen Rechts. « Der Mann soll als Familienhaupt, wœhdren der Ehe uber die Dos, wie uber daseigene Vermœgenfrei verfuegen und deshalb an ienem Frauengut (*res uxoria*) das erbeim Endeder Ehe zurueck zu geben hat nur den eigenen gewohnten, Fleis præstiren. »

paiement de leur valeur au taux de l'estimation, sans qu'il y eût à distinguer quand elles avaient péri pendant le mariage s'il y avait ou non faute du mari. Toutefois, comme la nature des rapports qui existent entre époux ne permet pas que l'un puisse faire un bénéfice au détriment de l'autre, le juge avait la faculté de rétablir la juste estimation, quand l'estimation portée à l'acte dotal paraissait avoir été trop ou pas assez élevée. Si la chose avait péri, on s'en tenait au prix d'estimation porté à l'acte dotal (1).

122. La restitution ne comprenait point les fruits ou intérêts que le mari avait perçus pendant le mariage (à moins d'un pacte contraire) et qui étaient destinés à pourvoir aux besoins du ménage, mais elle comprenait tout ce qui avait été perçu à l'occasion des choses dotales et qui n'avaient pas le caractère de fruits. C'est ainsi que le mari devait restituer le part des esclaves donnés en dot sans estimation. Il devait même restituer tout ce que lui avait procuré l'exercice de l'action *ex empto* ou *ex stipulatu* née à son profit de l'éviction d'un fonds qu'il avait reçu en dot, et cela qu'il y eût ou non estimation (2).

123. Quand c'est un usufruit qui a été constitué en dot, il semblerait que le mari ne doit pas avoir autant d'avantage que quand il a reçu une pleine propriété, et qu'il ne devrait garder que les fruits des fruits et non les fruits eux-mêmes qui devraient être restitués avec

(1) Loi 6 au Code, *Sol. matrimonio.*
(2) ff. 16 et ff 52, *De jure dotium.*

le fonds ; cependant, pour qu'il en fût ainsi, il faudrait une convention spéciale des parties. En principe, c'est le droit d'usufruit lui-même qui est en dot et qui doit être restitué ; les fruits perçus appartiendront au mari parce que, la nue-propriété ne conservant aucun revenu, le revenu de l'usufruit est le même que celui de la nue-propriété (1).

124. Si la dot consistait dans une créance contre un débiteur délégué, comment s'opérait la restitution ? Par la prestation du montant de la créance, si elle avait été payée pendant le mariage ; sinon le mari se libérait en restituant son action contre le débiteur. Mais que décider si le débiteur était devenu insolvable ? D'après les principes généraux sur la délégation, les risques de l'insolvabilité du délégué sont à la charge du délégataire, à moins de convention contraire (2). En effet, cette règle souffre exception quand il a été convenu expressément ou tacitement que la délégation se faisait aux risques du déléguant. Alors le délégataire qui n'aura pas pu se faire payer par le délégué aura l'action *mandati contraria* contre le déléguant. C'est un des cas où le mandat est dans l'intérêt réciproque du mandant et du mandataire. Observons cependant que le déléguant ne répondra de la solvabilité du délégué en vertu de la convention qui la met à ses risques qu'autant qu'il ne pourra pas reprocher au délégataire de n'avoir point fait les diligences qui auraient pu lui

(1) ff 7, § 2, eod. tit.
(2) ff 26, § 2, et 45, § 7, *Mandati* (Dig. 17, 1.). — ff 18, *De fide-iussoribus*, 46, 1. — ff 68, § 1, *De evictionibus*, 21, 2.

procurer son paiement pendant que le débiteur délégué était solvable, car le mandataire ne peut pas se faire indemniser de ce qu'il a perdu par sa faute (1).

125. Ulpien, dans la loi 6, *De pactis dotalibus*, suppose l'application de ces principes à la délégation *dotis causa*, en exigeant une convention spéciale pour que les risques de l'insolvabilité du débiteur délégué soient à la charge de la femme (2). Cependant le mari ne nous paraît pas devoir être sur ce point assimilé à un créancier ordinaire. Sa position n'est pas la même. Tandis qu'un délégataire ordinaire libère le débiteur déléguant purement et simplement quel que doive être désormais pour lui le résultat de la délégation, le délégataire *dotis causa* s'oblige à restituer le montant de la créance qui lui est déléguée, et il est naturel de penser qu'il n'a entendu s'obliger ainsi qu'à la restitution de ce qu'il aurait reçu ou manqué de recevoir par sa faute (3).

(1) ff 35, *De rebus creditis* (Dig., 12, 1).

(2) C'est sur cette loi d'Ulpien que s'est fondé Muhlenbruch, *Cession der Forderungsrechte*, § 38, page 433, 3e édition, pour soutenir que le mari, délégataire, reste dans la règle générale, et que, par conséquent, les risques de l'insolvabilité du débiteur délégué sont à sa charge, bien qu'il n'y ait eu aucune faute à lui imputer. Wangerow, *Pandecten*, § 217, et Meyerfeld, dans sa dissertation Ueber die Verantwœrtlichkeit, des Ehemanes im Bezug auf eine ihm versprochene Dos der in Dotem gegebene Forderung, publiée dans le *Rheinisches museum fur jurisprudenz*, t. VII, p. 125 et suivantes, donnent la même décision.

(3) C'est l'opinion de Hasse. Voyez *Die Culpa*, ch. XII, 9, page 437, 2e édition : « Denn es ist hier ja garnicht Absicht durch die Delegation eine Schuld zu tilgen, sondern eine Dos za bestellen, und zu diezer Bestellung gehœrt etwas Reelles, etwas was da ist. Dies wird bestaetigt durch, l. 41, § 3, *De jure dotium*. »

Warnkænig, *Comm. jur. rom.*, § 854, p. 53, et Tigerstrom, *Dotal-Recht*, t. II, p. 33, professent la même opinion.

126. Il est vrai que la loi 6, *De pactis dotalibus*, fournit dans le sens de l'opinion contraire un sérieux argument, car s'il était vrai que la *delegatio dotis causa*
fût réputée faite aux risques de la femme, à quoi bon
dire qu'on peut convenir que la créance contre le débiteur qui a promis la dot ne sera pas aux risques du
mari ? Un tel pacte serait tout à fait superflu. Mais peut-
être ce texte peut-il s'entendre des cas où d'après les
circonstances le mari aurait paru se charger des risques,
par exemple, des cas où en recevant la délégation il
savait que le débiteur délégué était insolvable, ou des
cas où il voulait lui accorder un délai (1). On comprend qu'alors il lui serait utile de convenir que les risques ne seront pas pour lui, mais pour la femme. —
Presque tous les textes, au contraire, sont favorables à
notre opinion ; ils partent comme d'un point certain,
de cette idée que les risques sont pour la femme quand
il n'y a rien à imputer au mari (2). C'est ainsi que Paul,
dans la loi 56 de notre titre, décide formellement que
si un débiteur qui doit à la femme l'esclave Stichus a
été délégué en dot, cet esclave venant à mourir sans
que le débiteur soit en demeure de payer ni le mari en
demeure d'agir, la perte est pour la femme. On objecte,
il est vrai, qu'il s'agit ici d'un débiteur d'une *species*
et qu'il ne peut alors être question d'un *nomen sequi*
dans le même sens que pour le débiteur d'une somme.
Mais dans la délégation faite par un créancier, le dé-

---

(1) ff 41, § 3, et ff 71, *De jure dotium.*
(2) V. ff 33, ff 35, et ff 49, eod. tit.

biteur déléguant étant définitivement libéré par novation quel que soit l'objet dû par le délégué, nous ne
voyons pas pourquoi l'on ferait une différence entre le
débiteur d'un corps certain et le débiteur d'une quantité, et selon nous la décision de la loi 56 part uniquement de ce principe *que le mari est seulement tenu
de ce qu'il a reçu ou manqué de recevoir par sa
faute.*

127. Enfin, Paul, dans la loi 41, § 3 de notre titre,
supposant un débiteur délégué qui promet au mari
sous condition et devient insolvable avant que la condition soit accomplie, met encore la perte à la charge
de la femme. Il n'y a en ceci rien de particulier à la
délégation conditionnelle, car dans la délégation ordinaire ce qui décharge le déléguant envers le délégataire,
c'est la validité et non la bonté de l'obligation du délégué. Que le nouveau débiteur soit ou non solvable,
pourvu qu'il soit vraiment débiteur, c'est-à-dire pourvu
que la condition s'accomplisse, le premier débiteur est
libéré ; si donc les principes de la délégation ordinaire
eussent été applicables à la délégation *dotis causa*, la
loi 41, § 3, eût dû, quoique l'obligation du délégué fût
conditionnelle, mettre le risque de son insolvabilité à
la charge du mari.

128. Nous ne croyons donc le mari responsable qu'autant qu'il paraît d'après les circonstances
avoir accepté cette responsabilité, par exemple, en
acceptant la délégation, quoiqu'il connût l'insolvabilité du délégué, et cela sans distinguer si le débiteur
a promis conditionnellement ou purement et simple-

ment (1). Toutefois, nous supposons qu'il a assumé cette responsabilité dans l'espérance que la position du débiteur délégué s'améliorerait par la suite, qu'il recouvrerait les moyens de payer, car si c'était dans l'intention de faire à la femme une donation, les donations entre époux étant nulles, il se serait inutilement chargé des risques pour toute la partie de la dette que le débiteur était dans l'instant de la délégation hors d'état de payer (2).

129. Lorsque l'insolvabilité du débiteur n'est point fortuite, mais qu'elle résulte du fait du mari, en ce sens qu'il aurait pu être payé s'il eût agi dans un moment opportun, sa responsabilité se trouve engagée. Ainsi on peut en principe imputer au mari de n'avoir pas fait plus tôt ses diligences, quand le débiteur, encore solvable au moment où il aurait pu le poursuivre, est

(1) Nous croyons devoir signaler ici une troisième opinion qui appartient à M. Dinkler, et qui se trouve exposée dans son ouvrage, *De evictione dotis*, § 19, sur la question de savoir jusqu'à quel point les risques sont à la charge du mari lorsqu'une créance est constituée en dot. M. Dinkler distingue les trois cas suivants : 1° Celui où une créance a été constituée en dot purement et simplement ; 2° celui où elle a été donnée comme une *dos æstimata;* 3° celui où elle a été donnée pour remplir la promesse d'une somme d'argent constituée en dot. Dans le premier cas, il pense que les risques sont à la charge de la femme ; dans le deuxième, qu'ils sont à la charge du mari ; quant au troisième cas, il ne met les risques à la charge du mari qu'autant qu'il a connu l'insolvabilité du débiteur : « Ob der Mann, welcher das nomen statt der Summo Geldes empfing wusste dass dasselbe idoneum sei oder nicht. » Cette distinction que fait M. Dinkler, nous ne la trouvons pas dans les textes du *Digeste.*

(2) Cette explication, qui concilie deux textes en apparence contradictoires, ff 41, § 3, et ff 53, *De jure dotium,* est donnée par une scholie des *Basiliques,* xxix, 1, 37, t. iii, p. 376 : Θὲς, ὅτι ὁ ἀνήρ, ὡς τεθεμάτισται, εἰδὼς μέν ἄπορον ὄντα ἐπηρώτησεν, οὐ διαθέσει δέ δωρουμένου, τουτέστιν, οὐχ ὡς βουλόμενος δωρήσασθαι τῇ γυναικί.

devenu depuis insolvable (1). Toutefois, s'il faut distinguer à quel titre et en quelle qualité celui qui avait promis la dot au mari s'était engagé à la fournir, si c'était par nécessité, comme étant déjà débiteur de la femme qu'il s'était laissé déléguer au mari, on peut imputer à celui-ci de ne pas l'avoir poursuivi pendant qu'il avait encore les moyens de payer. Si c'était par sa libre volonté pour faire une donation à sa femme qu'il avait promis au mari, on doit excuser celui-ci de n'avoir pas poursuivi à outrance le bienfaiteur de sa femme, qu'il n'aurait pu même faire condamner que jusqu'à concurrence de ses facultés d'après le rescrit d'Antonin le Pieux (2). La négligence du mari à poursuivre le paiement ne le rend pas non plus responsable de l'insolvabilité du débiteur, lorsque ce débiteur était le père

(1) Quant à la diligence qu'on exige du mari en cette circonstance, nous croyons, contrairement à l'opinion de Gluck et de Hasse, qu'il ne faut pas s'écarter de la règle posée par Paul dans la loi 17, *De jure dotium* : « In rebus dotalibus virum præstare oportet tam dolum quam « culpam quia causa suæ dotem accipit : sed etiam diligentiam præstabit « quam in suis rebus exhibet. » Les raisons invoquées par Hasse sont : 1° qu'il n'y a dans les textes qui traitent des créances données en dot, aucune trace qui indique que le mari doit les mêmes soins qu'à ses propres affaires; 2° que le mari doit être considéré comme faisant l'affaire d'autrui, et par conséquent comme mandataire « Er verrichtet hier also « gutwillig gewissermassen ein fremdes Geschœft und wir haben gesehen, « dass bei fremden Geschœften die hœchste Sorgfalt verlangt werde. » Ces deux raisons ne nous paraissent pas suffisantes pour croire que le mari soit tenu de la *culpa levis in abstracto*. V. Hasse, *Die culpa*, chapitre XII, *Ueber, das periculum dotis*, pages 438 et 439. V. Gluck, *Pandecten*, t. XXV, p. 34.

(2) V. ff 33, *De jure dotium*, sur le sens particulier de *condemnaverat*. Conf. ff 2, *De admin. et peric. tut.* (Dig. 26, 7); ff 6, § 5, *De his qui not. inf.* (Dig. 3, 2). — Voyez Cicéron, *In Verrem*, v., 69.

de la femme (1). Ajoutons que le mari à qui la femme pouvait reprocher de n'avoir pas exigé la dot promise, soit par le beau-père, soit par un étranger, cesse d'être responsable de cette faute dès qu'il doit restituer la dot à celui-là même qui l'avait promise. Le mari n'a plus alors qu'à leur restituer leur obligation, c'est-à-dire à les en libérer. C'est ce qui arrive pour le cas de la dot promise par le père de la femme, quand celle-ci meurt sans avoir divorcé, car alors l'action *rei uxoriæ* compète au père, à qui la dot revient comme profectice ; et pour le cas de dot promise par un étranger quand la femme devenue *sui juris* et pouvant ainsi avoir un héritier a institué comme tel le promettant qui succédera à l'action *ex stipulatu*, si la femme avait stipulé du mari que la dot lui serait rendue (2). Réciproquement quand c'est un débiteur de la femme qui a promis la dot au mari, et que celui-ci est en faute de ne l'avoir pas exigée, si la femme est devenue héritière du débiteur, succédant ainsi à son obligation, elle ne peut plus reprocher cette faute au mari. Son action n'aboutira donc encore qu'à obtenir l'acceptilation. Enfin c'est encore sur le mari que retombera l'insolvabilité du débiteur lorsque, par une seconde stipulation, il a fait novation avec le promettant. C'est comme s'il avait reçu du débiteur la somme due et qu'il la lui eût prêtée

---

(1) Idem. L'avis contraire de Julien n'avait pas prévalu. Conférez ff 30, § 1, *Sol. matr.* — Pour la conciliation de ces deux lois, voyez Muhlenbruch, p. 432, 3e édition.

(2) L'action *rei uxoriæ* ne passe pas aux héritiers. V. Ulpiani frag., tit. vi, § 7.

de nouveau (1). Il en est de même quand il a fait l'acceptilation *injussu mulieris;* c'est comme s'il avait reçu la somme du débiteur, et qu'il lui en eût ensuite fait donation (2).

130. Comment s'opérera la restitution dans le cas de dot constituée au mari par acceptilation? Cette question est examinée par Ulpien, dans la loi, 43, § 1, de notre titre. Il distingue : si l'obligation éteinte par acceptilation était pure et simple, ou bien si le terme ou la condition qui y était apposée est arrivée avant la dissolution du mariage, cette obligation ne sera point rétablie, le mari est réputé avoir reçu en dot la somme même, objet de cette obligation, et il la paiera à la femme aux termes d'usage pour la dot consistant en quantité, *annua, bima, trima die.* Si l'obligation était à terme ou sous condition, et que le terme ou la condition ne soient pas arrivés durant le mariage, la restitution de la dot consistera à replacer le mari dans la position où il serait encore sans l'acceptilation qui lui a été faite *dotis causa.* A cet effet, la femme stipulera du mari qu'il lui paiera le montant de la dette éteinte à l'époque ou sous la condition primitivement indiquée.

131. Toutes les règles que nous venons de développer sont applicables au père du mari quand, par l'effet de la puissance paternelle, c'est lui qui a reçu la

____

(1) ff 35, *De jure dotium.*

(2) ff 49, *De jure dotium,* et ff 66, *Soluto matrimonio.* Si, au contraire, l'acceptilation avait été faite par ordre de la femme, la perte serait pour elle. V. ff 36, *De jure dotium.*

dot (1). Mais lorsque c'est à son fils que la dot a été constituée, il n'est responsable et soumis à restitution que dans la limite du profit qu'il en a retiré ou jusqu'à concurrence du pécule de son fils (2).

132. L'aliénation faite par le mari soit par nécessité, soit du consentement de la femme, rend dotal le prix de la chose aliénée, qui doit être dès lors restitué non comme corps certain, mais comme quantité, et par conséquent *annua, bima, trima die.* Ainsi quand un fonds commun entre la femme et un tiers a été constitué en dot, le partage fait sur la provocation d'un copropriétaire auquel le fonds est adjugé rend dotale la soulte qu'il a payée au mari (3). D'un autre côté, si le mari acquiert le fonds entier, la portion du copropriétaire acquise par le mari n'est point dotale pendant le mariage et le mari peut l'aliéner ; mais si elle existe encore lors de la dissolution, elle doit nécessairement être comprise dans la restitution, et la femme ne peut se refuser à rendre au mari le prix d'acquisition qu'il a payé au copropriétaire. En effet, la restitution doit comprendre non-seulement les choses dotales, mais encore tout ce qui est parvenu au mari à l'occasion de ces choses, sauf les fruits (4). Il en serait autrement si

(1) ff. 72, § 1, *De jure dotium.*

(2) ff 20, § 2, *Familiæ erciscundæ* (Dig. 10, 2).

(3) Le partage provoqué contre le mari est une aliénation nécessaire qui ne tombe pas sous le coup de la loi Julia. Au contraire, dans le cas où il provoque lui-même le partage, l'aliénation ne serait valable qu'autant que la femme y consentirait. Voyez loi 2 au Code, *De fundo dotali*, 5, 23.

(4) Tryphoninus, ff. 78, § 4, *De jure dotium.* L'indivision peut en-

le mari avait aliéné volontairement un objet dotal sans l'assentiment de la femme ; il serait condamné à rendre, non le prix qu'il a reçu, mais la valeur que cet objet a pour la femme, c'est-à-dire des dommages-intérêts, et il ne jouirait pas de la faculté de payer par tiers d'année en année, parce que sa faute ne doit pas lui procurer un avantage.

133. La restitution doit comprendre une portion des fruits des choses non estimées, proportionnelle au temps que le mariage a duré pendant la dernière année, en prenant pour point de départ de l'année le jour du mariage ou celui de la constitution de dot de la chose frugifère, si elle est postérieure au mariage. En effet, le mari n'a droit aux fruits de la dot qu'en raison des charges qu'il supporte chaque jour, et il garderait sans cause les fruits d'une année entière quand il n'a eu à supporter les charges du ménage que pendant une portion quelconque de l'année (1).

134. La circonstance qu'il y avait eu ou non estimation des choses données en dot influant singulièrement non-seulement sur la nature des droits du

core cesser : 1° par le partage d'un fonds en deux parties distinctes. (Chaque propriétaire en aura une en vertu de l'adjudication prononcée par le juge.) Dans ce cas, le mari rendra à la femme la part divise qui lui a été adjugée, et qui a pris par nécessité la place de la part indivise qu'il avait reçue en dot ; 2° par la vente du fonds à un étranger qui donnera la moitié de son prix à chacun des copropriétaires. Dans ce cas, la portion du prix de vente qui reviendra au mari remplacera la dot et sera par lui restituée.

(1) V. loi unique au Code, *De rei uxoriæ actione*, § 9. — V. ff 7, § 1, ff 5 et ff 31, *Soluto matrimonio*, au Digeste.

mari (1), mais aussi sur les règles relatives à la restitution, nous devons en traiter ici d'une manière spéciale.
En effet, quand le mari a reçu en dot des choses *in
specie* sans estimation, les choses données sont dotales,
le mari doit les restituer en nature à la dissolution du
mariage, encore qu'on lui ait donné la chose d'autrui (2).
Comme débiteur de corps certains, il est libéré par la
perte fortuite de la chose arrivée avant le moment de
la restitution, de même que la perte ou la détérioration
est à la charge de la femme, pourvu qu'elle n'ait point
été causée par la négligence ou le dol du mari. D'autre
part, la femme qui supporte les détériorations survenues à la chose dotale profite des augmentations qui
n'ont pas le caractère de fruits (3). Mais il n'en est plus
de même lorsqu'une chose a été donnée en dot avec
estimation. Nous savons que cette estimation vaut pour
le mari vente conditionnelle (4), dès lors ce qui est en
dot, ce n'est plus la chose elle-même, c'est la valeur à
laquelle elle a été estimée. Le mari est désormais débiteur non d'un corps certain, mais d'une quantité; dès
lors il n'est plus libéré par la perte ou la détérioration
de la chose estimée; son obligation étant désormais indépendante de la destinée du corps certain donné en
dot ne peut pas plus changer que celle de l'acheteur

---

(1) Voyez *supra*, § 74 et suivants.
(2) ff 11, *Soluto matrimonio*.
(3) Ulpianus, ff 10, pr. et § 2, et ff 17, *De jure dotium*. Vaticana
frag., § 104. Paulus, ff 25, § 2, et Pomponius, ff 9, *Soluto matrimonio*.
(4) ff 10, § 4, et ff 17, § 1, *De jure dotium*.

qui doit son prix, bien que la chose vendue ait péri.
On voit par là que le mari a intérêt à ce qu'on lui livre
la dot sans estimation, afin que les risques ne soient pas
à sa charge (1). — D'autre côté, cependant, il profite
des augmentations qui ont pu survenir à la chose. C'est
ainsi que l'esclave donné en dot avec estimation étant
devenu irrévocablement et exclusivement propre au
mari, acquiert désormais pour lui non-seulement *ex
rebus mariti* ou *ex operibus suis*, mais même par donation ou par legs (2).

135. Les effets que nous signalons résultent de l'estimation pure et simple de la chose donnée en dot,
mais si on est convenu que le mari rendrait les choses
mêmes ou leur estimation, les effets produits ne sont
plus identiques. Le mari est débiteur de deux choses
sous une alternative, en absence de toute convention
attribuant le choix à la femme, il peut choisir celle des
deux qu'il veut payer, et rendre la chose dotale même
détériorée, pourvu que ce soit sans sa faute. La perte
accidentelle de l'une des deux choses réduit l'obligation à l'autre, qui dès lors est l'objet unique de la dette.

(1) ff 10, § 5, eod. tit.
(2) Julianus, ff 47, eod. tit. « Si servo in dotem ante nuptias dato do-
« natum aliquid vel legatum ante nuptias fuisset, ampliatur dos, sicut ex
« fructibus fundi qui ante nuptias traditus est. » Nous adoptons l'ex-
« plication que Cujas donne de cette loi d'après les interprètes grecs qui
croyaient qu'il s'agissait ici d'un esclave estimé : « Διατετιμημένον θεμά-
τισον τόν οἰκέτην. » V. *Basiliques*, XXIX, 1, 43, sch. l. 1, t. III,
p. 385. Il se peut cependant que cette loi ne soit que l'expression d'une
opinion particulière de Julien qui aurait attribué au mari des droits plus
étendus qu'à l'usufruitier. Voyez M. Pellat, sur la loi 47, *Textes sur
la dot.*

C'est pourquoi Paul décide que dans le cas où il a été convenu entre le mari et la femme, donnant en dot des esclaves estimés, qu'après le divorce, la femme choisirait ce qu'elle voudrait, ou les esclaves ou l'estimation, comme les esclaves ont vécu aux risques du mari, le part ainsi que les fruits perçus au temps du mariage doivent rester chez le mari ; si, au contraire, les esclaves n'avaient pas été estimés, le mari n'aurait gardé que les fruits et non le part (1).

136. On comprend que l'estimation de la chose donnée en dot, selon qu'elle était trop ou trop peu élevée, pouvait donner lieu à des avantages au profit d'un époux et au détrimeut d'un autre, avantages qui pouvaient provenir d'une erreur volontaire dans l'appréciation de valeur de la chose estimée, la nature des relations conjugales ne permettant pas qu'un époux pût profiter d'une erreur au préjudice de son conjoint, et d'un autre côté la loi prohibant entre eux les donations, il en résultait que le juge de l'action *rei uxoriæ* était chargé de rétablir la véritable estimation si elle ne paraissait pas exacte (2), et que toute estimation faite avec intention de donner était nulle et de nul effet; non-seulement quand elle était faite à une époque où les donations étaient interdites, c'est-à-dire pendant le mariage, mais encoré quand elle était faite avant le mariage, parce que l'effet de l'estimation étant

---

(1) ff 10, § 6, et ff 11, *De jure dotium.* — Vaticana frag., § 114.
(2) ff 6, § 2, eod. tit.

suspendu jusqu'au mariage, c'est à ce moment que se réalisait la donation quand l'estimation en contenait une (1).

137. A quoi peut servir cette estimation que les interprètes appellent *œstimatio taxationis causa?* D'abord à déterminer l'indemnité que devra le mari, si par sa faute la chose périt en totalité ou en partie. Elle sert aussi à élever sa responsabilité en l'obligeant à une garde attentive (*custodia*), et en mettant ainsi à sa charge des événements tels que le vol dont il n'eût pas répondu s'il n'y avait pas eu estimation. Les seuls accidents dont il ne répondra pas, sont ceux qu'aucune surveillance n'eût pu prévenir, ceux qui arrivent par force majeure, comme le vol a main armée. En remettant ainsi la chose avec estimation, la femme annonce qu'elle compte sur toute la diligence de son mari. Cette doctrine est établie par un texte d'Ulpien, la loi 52, *Pro socio*, et nous savons déjà que la responsabilité du mari quant aux choses dotales est la même que celle de l'associé quant aux choses de la société (2). Ainsi le mari qui a reçu en dot une chose estimée *taxationis causa* doit rendre la chose elle-même comme s'il l'avait reçue sans estimation. Dans les deux cas les risques sont pour la femme, le mari ne doit rien en cas de perte de la chose, à moins qu'elle n'ait péri par un fait qui lui soit imputable, mais il y a entre ces deux cas deux

___

(1) ff 12, eod. tit. Cette conséquence, quoique logiquement déduite, est en contradiction avec l'esprit de la règle qui prohibe les donations entre époux.

(2) Voyez ce que nous avons dit ci-dessus.

différences. 1° Si la chose n'a pas été estimée, le mari paie la valeur qu'elle avait au moment de la perte; si elle a été estimée, il paie le montant de l'estimation. 2° La diligence dont il est tenu n'est pas la même : quant à la chose non estimée, il n'est tenu que de *prœstare diligentiam quam suis rebus adhibet*; quant à la chose estimée, il est tenu de la *culpa levis in abstracto*.

138. Il ne faut pas confondre le cas d'estimation *taxationis causa* avec celui où une chose étant donnée avec estimation, *rem divortio facto redderet maritus*. Dans ce dernier cas, le mari doit rendre la chose si elle existe, le prix si elle a péri ou s'est détériorée même sans sa faute. Comme le mari court les risques, il doit avoir les accessoires, dit *Pomponius* dans la loi 18, *De jure dotium*, interprétée par la loi 50 de *Scœvola*, *Soluto matrimonio* (1)

139. Le mari, les enfants issus du mariage et héritiers de leur père, et le père du mari avaient, quand ils étaient poursuivis en restitution de dot, le privilége de n'être tenus que *in id quod facere poterant* (2). Les autres héritiers du mari étaient tenus *in solidum*, ainsi que les fidéjusseurs qu'il avait fournis pour garantie de cette restitution.

____

(1) Pothier, *Pandectes*, titre *Sol. matr.*, 59, interprète la loi 18, par la loi 69, § 7, *De jure dotium*. Il pense que le pacte cité par Labéon, ff 18, et par Javolenus, 66, § 3, *Sol. matr.*, a eu simplement pour but de faire que les choses estimées soient, quant aux risques, comme si elles n'avaient pas été estimées, et que l'estimation ne serve qu'à fixer la valeur pour le cas où elles périraient par la faute du mari.

(2) Paulus, ff 15, § 2, et Pomponius, ff 18, pr. *Soluto matrimonio*, au *Digeste.*

140. Remarquons, pour terminer, que lorsque la dissolution du mariage avait lieu par un divorce provoqué par la faute du mari, celui-ci, la faute étant grave, était puni par la privation des trois termes qui lui étaient accordés pour restituer la dot fongible, ou s la dot se composait de corps certains, il était obligé en la restituant immédiatement de payer une somme représentative de la valeur de deux années de jouissance, c'est-à-dire que dans les deux cas il perdait les intérêts de deux années de jouissance de la dot. Si la faute n'était point grave, les trois termes d'un an accordés pour la restitution de la dot de choses fougibles étaient réduits à six mois, et si la dot était de corps certains, le mari devait, en la restituant immédiatement, payer à la femme une valeur d'une année de jouissance, c'est-à-dire que dans les deux cas il perdait les intérêts de la dot pendant un an (1). Nous allons voir dans la section suivante comment étaient punies les fautes de la femme.

SECTION V.

DES RÉTENTIONS QUE LE MARI AVAIT LE DROIT D'EXERCER SUR LA DOT.

141. Quelquefois le mari n'est pas tenu de restituer la dot tout entière, il peut en retenir une partie.

(1) V. Ulpiani fragmenta, VI, 13.

Ainsi quand il existait des enfants nés du mariage, la dot profectice n'était restituée à l'ascendant paternel qui l'avait constituée que sous la déduction d'un cinquième par enfant. Elle n'était pas restituée du tout lorsqu'il y avait cinq enfants ou davantage (1).

142. 2° Une rétention avait lieu *propter liberos* quand le mariage s'était dissous par un divorce qu'avait provoqué la faute de la femme ou de celui sous la puissance de qui elle se trouvait (2). Le mari ne pouvait exercer cette réduction que par voie de rétention, après la restitution il n'avait aucune action pour la demander.

143. 3° Les mauvaises mœurs de la femme donnaient lieu à la rétention *propter mores* dont le montant était d'un tiers ou d'un huitième suivant les cas (3). Cette déduction, à la différence des autres, lorsqu'elle n'avait pas été faite au moment de la restitution, pouvait être obtenue par voie d'action au moyen du *judicium de moribus*. Elle se distingue en cela des autres déductions qui ne pouvaient être obtenues que par voie de rétention.

144. Remarquons que la femme était propor-

---

(1) C'est du moins le sens que nous attribuons à la phrase d'Ulpien, « Quintis in singulos in infinitum relictis... »

Pour les autres interprétations, voyez Cujas, t. IX, p. 408; Pothier, sur le titre *Soluto matrimonio*, n° 1.

(2) Mais on aurait pu, par une convention spéciale, stipuler que cette rétention aurait lieu dans tous les cas de divorce, alors qu'il n'y aurait aucune faute de la femme. V. Vaticana fragmenta, § 106 et 107.

(3) Ulpiani fragmenta, titre VI, § 12.

tionnellement moins punie que le mari, puisque la faute la plus grave n'augmentait pour elle que d'un quart la peine qu'eût entraînée la plus légère, tandis que dans le même cas la peine eût été double pour le mari (1).

145. Quant à la rétention *propter impensas*, les Romains distinguaient les dépenses nécessaires, utiles et voluptuaires, division très-exacte dans la théorie, mais qui ne lève point toutes les difficultés qui se présentent dans la pratique pour déterminer précisément la nature de chaque impense (2).

1° *Dépenses nécessaires.* — Ce sont celles qui, sans avoir augmenté la valeur de la chose dotale, l'ont cependant conservée (3). Elles sont telles que si le mari avait omis de les faire, le juge de l'action *rei uxoriæ* le condamnerait à des dommages-intérêts envers la femme (4). Les dépenses nécessaires diminuent la dot *ipso jure*, dit la loi 56, § 3, *De jure dotium.* Mais faut-il prendre cet adage à la lettre, et s'il a été dépensé pour la conservation de la dot une somme égale au quart de la dot, faut-il dire que le fonds a cessé d'être dotal par indivis pour un quart ? Non, répond Paul dans la même loi, il faut entendre

____

(1) Niebuhr a cependant essayé d'établir, à l'aide d'hypothèses très-ingénieuses sur le taux de l'intérêt, que la peine était égale dans les deux cas, mais son argumentation ne repose guère que sur des conjectures. Voyez M. Pellat, sur le § 12 du titre VI d'Ulpien.

(2) ff 15 *in fine, De impens. in res. dot.* (Dig. 24, 1).

(3) Ulpiani Reg., VI, 15. — ff 1, § 1, *De imp. in res. dot.* — ff 79, *De verborum significatione.*

(4) ff 4, *De imp. in res. dot.*

seulement par là que le mari pourra, à la dissolution du mariage, retenir le fonds en totalité ou en partie, jusqu'à ce que la dépense lui soit remboursée ; la diminution qui s'opère de droit, porte, dit Ulpien, (ff. 5, *De imp. in res dot.* (24, §1), et ff 154, *De dote prœlegata* (33,4) non sur les objets corporels, mais sur l'ensemble de la dot, sur le montant de la valeur dotale qui est diminuée d'une quantité égale à la somme dépensée (1).

146. Si la dot se compose tout à la fois d'une somme d'argent et d'un fonds, les dépenses nécessaires faites pour le fonds diminuent la dot pécuniaire. Telle est l'opinion de Nerva rapportée par Paul dans la loi 56, §3. Le mari a droit au remboursement des dépenses nécessaires, bien que la chose réparée soit ensuite périe par cas fortuit (2).

147. Pour se faire rembourser des dépenses nécessaires, le mari peut non-seulement en retenir le montant sur la dot au moment où il la restitue, mais même s'il a fait cette restitution sans déduire la somme dépensée, il peut, d'après une opinion qui a été admise avec quelque difficulté, répéter cette somme par la *condictio indébiti,* comme ayant une dot entière au

(1) Toutefois, le jurisconsulte Scævola pensait que, quand le montant des dépenses faites successivement *per partes* sur un fonds, avait atteint sa valeur, le fonds cessait d'être dotal, et, par conséquent, pouvait être aliéné par le mari. V. ff 56, § 3, *De jure dotium.* Au reste, cette loi a subi des interpolations de Tribonien, qui nous empêchent de reconnaître exactement quelle était la doctrine des jurisconsultes classiques. — V. Cujas, *Observ.* XXIII, 12, t. III, p. 623. M. Pellat, *Textes sur la dot,* p. 265 à 273.

(2) ff 4, *De imp. in res. dot.*

lieu d'une dot diminuée *ipso jure* de ladite somme (1).

148. 2° *Dépenses utiles*. — Ce sont celles qui n'ont pas servi à conserver la chose dotale, mais à l'améliorer (2). Si ces dépenses ont été faites par le mari du consentement de la femme, il en retiendra le montant, mais si elles ont été faites sans ce consentement, le mari ne pourra s'en faire tenir compte qu'autant que les circonstances n'en rendraient pas le remboursement trop onéreux à la femme (3). Dans l'un et l'autre cas, la voie de rétention était seule ouverte, le mari n'étant pas propriétaire des choses pour lesquelles il avait fait des dépenses, on hésitait à admettre en sa faveur une action *mandati* ou *negotiorum gestorum*. Justinien lui a accordé ces deux actions (4).

3o *Dépenses voluptuaires*. — Ce sont celles qui ne servent ni à la conservation, ni à l'amélioration, mais au simple agrément (5). Elles ne donnent lieu à aucune rétention, ni à aucune action, quand même elles auraient été faites du consentement de la femme (6). Toutefois, si la femme ne veut pas les rembourser, elle doit permettre à son mari d'enlever ce qu'il est possible de détacher sans détérioration (7).

---

(1) ff 5, § 2, eod. tit.

(2) Ulp. frag., VI, 16. — ff 79, § 1, *De verbor. signif.* — ff 5, § 3, *De imp. in res. dot.*

(3) ff 8, *De impensis in res dotales.*

(4) Liv. I, § 5 au Code, *De rei uxoriæ actione.*

(5) Ulpiani regulæ, VI, 17. — ff 7 et ff 14, § 2, *De impensis in res dotales factis.* — ff 79, § 2, *De verborum significatione.*

(6) ff II, *De impensis in res dotales factis.*

(7) ff 9, eod. tit.

149. Le mari peut encore répéter ce qu'il a dépensé pour sa femme et qui n'est pas charge du mariage, comme s'il l'a rachetée de captivité, s'il a retiré son père ou sa mère de prison.

150. 4° Les donations faites par le mari à sa femme en dehors des cas où les donations étaient permises, donnaient lieu à la rétention, sur le montant de la dot, de la valeur des choses données. Ce droit de rétention n'enlevait pas du reste au mari celui de revendiquer la chose, si elle existait, ou d'intenter si elle n'existait plus, la *condictio sine causa* contre le donataire, jusqu'à concurrence de ce dont elle s'était enrichie par la donation (1).

151. 5° Le cinquième cas de rétention avait lieu *ob res amotas*, quand la femme en vue du divorce avait détourné les choses appartenant au mari. Cette faculté pour le mari d'en retenir la valeur sur le montant de la dot ne lui enlevait pas non plus le droit de réclamer la restitution par une espèce de *condictio furtiva*, déguisée en raison des rapports qui unissent les époux sous le nom d'*actio rerum amotarum*.

152. Le droit de rétention fut aboli par Justinien qui ne laissa au mari que les actions qui lui étaient déjà accordées, quand il avait restitué sans déduction. La rétention *propter liberos* se trouva ainsi supprimée, puisque le mari n'avait jamais pu l'exercer que par voie de déduction.

(1) Ulpiani Regulæ, VII, § 1.

SECTION VI.

DE L'ACTION EN RESTITUTION DE DOT.

153. Au temps des jurisconsultes, il y avait deux actions différentes pour demander la restitution de la dot, l'action *rei uxoriæ* et l'action *ex stipulatu*. L'action *rei uxoriæ* était une action générale à laquelle l'existence seule d'une dot suffisait pour donner naissance. Le mari ayant reçu les objets dotaux avec une destination spéciale se trouve dans tous les cas obligé *quasi ex contractu* à les restituer dès que cette destination à cessé. La formule de cette action (*quidquid æquius melius*) donnait au juge une latitude encore plus grande que dans les actions de bonne foi ordinaires.

Nous avons vu en effet que le juge devait empêcher qu'une partie n'obtînt aux dépens de l'autre, par l'imprévoyance de celle-ci, un bénéfice qui ne serait pas absolument interdit dans d'autres obligations. — L'action *ex stipulatu,* au contraire, qui n'était acquise qu'à celui qui avait expressément stipulé la restitution était *stricti juris,* comme toutes les actions résultant de la stipulation.

154. Plusieurs autres différences séparaient ces deux actions. 1° L'action *rei uxoriæ* ne se transmettait pas aux héritiers de la femme, si après le divorce elle venait à mourir sans l'avoir exercée, à moins que le mari n'eût été constitué en demeure (1). Au contraire, dans l'action *ex stipulatu*, on applique les règles ordinaires de la transmissibilité des actions *rei persecutoriæ*.

2° Dans l'action *rei uxoriæ*, le mari avait trois ans pour restituer la dot *quæ numero, pondere mensurave constat*, pouvait exercer les rétentions que nous avons vues dans la section précédente, et jouissait du bénéfice de compétence. Dans l'action *ex stipulatu*, il devait restituer sans délai, sans déduction et *in solidum*.

3° Si le mari avait légué à la femme le montant de la dot, en vertu de l'édit *de alterutro*, la femme qui n'avait que l'action *rei uxoriæ* ne pouvait cumuler l'exercice de cette action avec l'action *ex testamento*, le cumul était possible au contraire avec l'action *ex stipulatu*.

L'action *ex stipulatu* était donc à beaucoup de points de vue plus avantageuse que l'action *rei uxoriæ*, mais peut-être, d'un autre côté, la femme qui exerçait cette action ne jouissait-elle pas du *privilegium dotis* attaché à l'action *rei uxoriæ*.

155. Ni l'action *rei uxoriæ*, ni l'action *ex stipulatu* ne pouvaient être intentées lorsque le mariage n'avait pas eu lieu, car alors il n'y avait plus de dot ; mais ce qui avait été donné à ce titre pouvait être répété par la *condictio sine causa* à laquelle la jurisprudence avait attaché le privilége dont nous venons de parler (2).

(1) Ulpiani frag., vi, § 7.
(2) V. ff 17, 18, 19 et 74, *De rebus auctor jud.*

156. Sous Justinien les deux actions *rei uxoriæ* et *ex stipulatu* n'existent plus. Elles sont fondues en une seule qui conserve le nom d'action *ex stipulatu de dote* et qui réunit les avantages attachés à chacune des deux autres.

157. Ainsi elle est, comme l'action *rei uxoriæ*, une action de bonne foi (1), existant par cela seul qu'il y a une dot et indépendamment de toute stipulation (2) ; n'entraînant la condamnation du mari que *in id quod facere potest*, passant à la femme à la mort du père sous la puissance duquel elle se trouvait et qui ne pouvait l'intenter qu'avec son concours (3). D'un autre côté, comme l'ancienne action *ex stipulatu*, elle peut être exercée concurremment avec l'action *ex testamento*, et elle passe aux héritiers de la femme, de sorte que la mort de la femme, pendant le mariage, ne fait plus gagner la dot au mari, sauf conventions contraires (4). Le principal but de Justinien, dans sa constitution, a été de supprimer l'ancienne règle qui faisait gagner la dot au mari survivant. A l'égard du délai accordé pour la restitution de la dot, il substitue une autre distinction à celle de l'ancien droit. La dot qui consiste en immeubles doit être restituée immédiatement, celle qui consiste en meubles, dans un délai d'un an. Il supprime l'édit *de alterutro* ; la femme

(1) Loi unique au Code, *De rei uxoriæ actione*, § 2.
(2) Idem, § 13.
(3) Idem, § 14.
(4) Idem, § 3 et 6.

peut désormais cumuler avec l'exercice de son action en reprise de la dot, les libéralités par institution, legs ou fidéicommis faites par son mari défunt.

158. Il pouvait arriver que l'*instrumentum dotale* constatât le paiement de la dot et que le paiement n'eût pas été opéré. En ce cas, le mari à qui on demandait la restitution, pouvait se défendre par l'exception *non numeratæ pecuniæ*, qui mettait à la charge du demandeur la preuve de la numération qu'il prétendait avoir eu lieu. Toutefois, comme ce moyen d'écarter l'action pouvait, dans certains cas, favoriser la mauvaise foi du mari, et que d'ailleurs il forçait le demandeur à faire une preuve qui semblait déjà résulter de l'aveu fait par l'acte dotal, le mari ne pouvait opposer l'exception que pendant un an après la dissolution du mariage, si le mariage avait duré moins de deux ans; il ne pouvait plus l'opposer quand le mariage avait duré dix ans (1). Il fallait alors qu'il se chargeât lui-même de prouver que la numération n'avait pas eu lieu, et que n'ayant point reçu il n'était pas obligé de restituer à quelque époque que se fût dissous le mariage. L'exception ne pouvait plus être opposée s'il y avait eu postérieurement à l'acte dotal une reconnaissance émanant du mari et constatant de nouveau la rénumération (2).

(1) Loi 3 au Code, *De dotis causa.*
(2) Loi 14, § 1, *De non numeratæ pecuniæ* (Code, 4, 30).

CHAPITRE VI.

DES BIENS PARAPHERNAUX.

159. On nomme paraphernaux les biens de la femme qui ne sont pas constitués en dot ; quelques textes donnent aussi aux biens paraphernaux la qualification de *peculium* ou *receptitia bona* (1).

160. Le mari auquel les biens paraphernaux auraient été livrés par la femme, n'en deviendra propriétaire qu'autant que la tradition lui en aurait été faite dans l'intention formelle de lui transférer la propriété ; mais cette intention ne se présumait point. Ainsi, si la femme apporte dans la maison conjugale certains effets après en avoir dressé un état qu'elle a fait signer par le mari, il ne résultera pas de là, dit Ulpien, ff 9, § 3, que la propriété de ses effets soit transportée au mari. On a seulement voulu, grâce à cet écrit, se ménager le moyen de prouver, en cas de dénégation, que ces choses ont été apportées dans la maison du mari.

---

(1) ff. 31, § 1, *De donationibus* (Dig. 39, 5). — Vaticana fragmenta, § 112. — ff 9, § 3, Ulpianus. « Cæterum si res dentur in ea, quæ « Græci παράφερνα dicunt, quæque Galli peculium appellant...» Le jurisconsulte parle sans doute des Gaulois cisalpins, ils parlaient latin, mais prenaient souvent les mots dans une signification particulière. La leçon *Galli* est d'ailleurs confirmée par les *Basiliques*. V. Aulu-Gelle, *Nuits attiques*, liv. XVII, chap. VI.

161. Le mari administrait les biens paraphernaux (1). Il pouvait, quand il n'y avait pas d'opposition de la part de la femme, s'en appliquer les fruits et intérêts. Il pouvait exercer les actions relatives à ces biens sans être tenu de donner la *cautio de rato*, toutefois la femme pouvait toujours lui interdire toute immixtion dans l'administration desdits biens paraphernaux, pourvu qu'il n'en fût pas propriétaire (2).

162. Dans le cas où le mari était propriétaire des biens paraphernaux, la femme les lui réclamait à la dissolution du mariage, non par l'action *rei uxoriæ* (3), mais par une *condictio sine causa* ; le mari les garderait sans motif, les relations qui avaient motivé cette translation ayant pris fin. Dans le cas où la femme en était restée propriétaire, elle avait pour les réclamer soit l'action *depositi*, soit l'action *mandati*, selon que le mari en avait simplement accepté la garde ou qu'il avait en outre promis de veiller à leur conservation. Si les objets apportés étaient restés sous la garde de la femme, le mari, n'étant tenu d'aucune obligation contractuelle, la femme aurait contre lui l'action *rerum amotarum*, si en retenant les choses de la femme il a voulu se les approprier, et l'action *ad exhibendum*, s'il ne les représente pas sans avoir l'intention de les dérober.

---

(1) V. loi 11 de *Justinien*, au Code, *De pactis conventis tam super dote, quam super donatione ante nuptias et paraphernis* (5, 14).

(2) Loi 8, eod. tit.

(3) On pouvait ici opposer à la décision d'Ulpien le § 112 des Fragmenta Vaticana, mais les mots *rei uxoriæ actione* ne sont qu'une restitution très-conjecturale de M. Buchholtz.

DROIT FRANÇAIS

—

DE L'INALIÉNABILITÉ DE LA DOT

DROIT ANCIEN.

Le cadre de notre travail étant assez restreint, nous ne ferons que tracer un aperçu rapide sur l'inaliénabilité de la dot dans l'ancien droit.

163. Lors de la conquête des Francs, le droit romain en vigueur dans les Gaules était celui des jurisconsultes et du Code Théodosien, c'est-à-dire, qu'on y admettait le système de la loi Julia. Le droit romain ne cessa jamais d'exister dans la Gaule, il ne fut point proscrit par les barbares, qui, admettant le principe de la personnalité du droit, laissaient chaque peuple vivre

en paix sous sa loi d'origine. Mais l'invasion des barbares, en détachant la Gaule de l'empire romain, l'avait rendue étrangère aux constitutions et aux lois émanées des empereurs de Constantinople. La législation de Justinien resta donc longtemps inconnue, même dans le midi de la Gaule et n'y pénétra que fort tard.

164. Cependant vers la fin du x° siècle, un monument composé dans le territoire de Valence, le *Petri exceptiones* (1), semblerait prouver qu'à cette époque le droit de la Novelle 61 avait commencé déjà à s'introduire dans la Gaule. Mais ce droit n'était que local, c'est seulement au xii° siècle, quand les glossateurs de l'école de Bologne vinrent donner une vie nouvelle à la législation de Justinien, que les règles du régime dotal consacré par Auguste cessèrent d'avoir leur application, et que le principe de l'inaliénabilité de la dot immobilière commença à devenir prépondérant. Cependant la Novelle 61, qui s'était déjà fait sentir vers la fin du x° siècle, se répandit avec le droit de Justinien ; plusieurs coutumes s'inspirèrent de l'esprit qui l'avait dictée pour admettre certains tempéraments à l'aliénabilité du fonds dotal (2).

165. En effet, sous l'influence des anciennes traditions, mais aussi sous l'influence des idées féodales, d'usages locaux, et de nouveaux besoins du commerce et de

_____

(1) Livre Ier, chap. 34, *De alienatione dotis.* — V. M. de Savigny, *Histoire du droit romain au moyen âge,* tome II, ch. IX, §§ 49 et 50.

(2) V. Bretonnier sur Henrys, tome II, page 176.

la civilisation, il se forma dans les provinces dites de *droit écrit* un système propre de dotalité. Ce système était bien principalement fondé sur le régime dotal romain tel que la législation de Justinien l'avait établi, mais on y apporta, suivant les provinces, certaines modifications. Nous indiquerons rapidement les principales.

166. Ces provinces qui avaient conservé le droit même de la dotalité étaient : la *Guienne*, le *Dauphiné*, la *Provence* et le *Languedoc*, pays purement de *droit écrit*. L'*Alsace* était bien aussi pays de droit écrit, mais elle avait sur le régime des biens entre époux un grand nombre de statuts qui se rapportaient beaucoup plus au droit germanique qu'au droit romain des dots. Par contre, l'*Auvergne* et le *Lyonnais* avaient exclusivement conservé le régime dotal du droit romain. Il en était de même du *Forez*, du *Beaujolais* et du *Mâconnais*.

167. Dans plusieurs localités de la *Bourgogne* et de la *Franche-Comté*, comme dans le ressort du parlement de *Metz* et de celui de *Paris*, le système romain des dots avait aussi prévalu. On trouvait enfin, même dans les pays purement coutumiers comme la *Normandie* et *Reims* qui avaient rejeté la communauté, une espèce de régime dotal, lequel ne se conformait cependant au droit romain que sur quelques points.

168. Jetons maintenant un coup d'œil sur les modifications que la jurisprudence des provinces de *droit écrit* avait apportées au régime dotal de Justinien.

169. Le parlement de Paris, qui comprenait à la fois des pays de *droit écrit* et des pays de coutumes, jugeait

non-seulement que les meubles devaient comme les immeubles être mis en dehors du mouvement ordinaire des biens, mais encore que les obligations du mari et même celles contractées par le mari et la femme pendant le mariage ne pourraient s'exécuter même après le mariage sur la dot mobilière.

Et ce n'était pas légèrement que pareille doctrine avait été admise. La question était depuis longtemps agitée et l'on retrouve encore, dans les vieux recueils de plaidoyers et d'arrêts (1), les longs et sérieux motifs des opinions entre lesquelles le parlement de Paris eût à se prononcer.

170. La discussion s'engageait d'abord sur la loi romaine. D'une part, on citait la constitution d'Anasthase (2), qui, en permettant à la femme de renoncer au bénéfice du sénatusconsulte, lui donnait la faculté de s'obliger sur ses biens pour autrui, et la constitution de Justinien (3), qui ne limitait cette faculté qu'en ce qui concernait son immeuble dotal non estimé. « *In fundo autem non æstimato qui est dotalis proprio nuncupatio maneat jus intactum;* » puis on ajoutait des textes nombreux où figuraient les mots seuls de *prædium dotale* et *fundus dotalis*, et l'on en concluait que la femme pouvait s'obliger sur tous ses biens autres que les meubles constitués en dot, et que celui-là seul était inaliénable.

(1) V. Louet, Brodeau, Henrys.
(2) V. loi 21, au Code de Justinien, *ad S.-C. Velleianum.*
(3) V. loi unique au Code, *De rei uxoriæ actione.*

171. D'autre part, on disait que Justinien, dans la Novelle 61, en assimilant la dot à l'immeuble composant la donation anté-nuptiale, ne distinguait nullement entre les divers biens formant la dot, et que dès lors ils devaient tous et quelle que fût leur nature être retirés du commerce (1).

172. Mais ce qui décida surtout la question mieux que tous les textes dont le sens paraissait incertain, ce fut l'utilité générale et le sentiment des besoins publics. A l'intérêt du crédit et du commerce que faisaient valoir les partisans de la libre circulation des meubles dotaux, on opposa l'intérêt de la femme, celui des enfants, celui du mari même qui trouve, en cas de malheur, dans la dot restée intacte dans son entier, une dernière ressource, et la jurisprudence du parlement de Paris se fixa dans le sens de l'inaliénabilité de la dot mobilière.

173. Quelques pays de coutume compris dans la circonscription du parlement de Paris adoptèrent également ce principe. La coutume d'Auvergne, tit. xiv, sect. 3, disait : « Le mari ou la femme conjointement ou séparément, constant le mariage des fiançailles, ne peuvent vendre, aliéner, permuter, ni autrement disposer des biens dotaux de ladite femme au préjudice d'icelle, et sont telles dispositions et aliénations nulles et de nul effet et ne sont validées par serment.

174. Dans les provinces du Lyonnais, Forez, Mâcon-

(1) Novelle, 61, princip. et § 3.

nais et Beaujolais, les besoins du commerce avaient depuis longtemps consacré la doctrine, qui d'une part reconnaissait à la femme la capacité de s'obliger, avec l'autorisation de son mari et repoussait en ce point le sénatusconsulte Velléien, et qui d'autre part étendait cette capacité de la femme jusqu'au pouvoir d'obliger valablement ses biens même dotaux contrairement au principe de l'inaliénabilité de la dot.

175. Cette double jurisprudence fut consacrée, quant au sénatusconsulte Velléien, par l'édit de 1606, enregistré le 22 mai 1607, qui abrogeait ce sénatusconsulte et relativement à l'aliénabilité de la dot, par un édit d'avril 1664, qui abrogeait les dispositions de la loi Julia pour les pays de Lyonnais, Mâconnais, Forez et Beaujolais. Bretonnier, qui a commenté Henrys, a attribué cette abrogation de la loi Julia dans le Lyonnais aux intrigues particulières d'un fermier de la généralité de Lyon (Bretonnier, t. II, quest. 8 et 141); mais ce n'était que l'expression des besoins, des vœux et des usages universellement reconnus dans ces provinces. Sully, pénétré de cette vérité que le crédit public ne peut prospérer au milieu d'un système hérissé de prohibitions et d'entraves, ne craignit pas de porter une main hardie sur une législation qui avait pour elle la consécration des siècles.

176. L'exécution de l'édit de 1606 rencontra beaucoup d'obstacles, il ne fut admis que tardivement dans divers ressorts, dans plusieurs autres il ne fut point enregistré. Reçu sans difficulté dans le ressort du parlement de Paris, il ne le fut jamais dans celui d'Aix, et à l'exception

des pays du Lyonnais, Forez et Beaujolais, toutes les provinces de droit écrit refusèrent de s'y conformer (1).

177. Le droit canonique fit aussi sentir son influence sur le principe de l'inaliénabilité dotale. Par une décrétale d'Eugéne III , l'authentique *sacramenta* au Code *si adversus vendit*, sur le serment, il fut déclaré que l'aliénation du bien dotal serait valable, si elle était confirmée par serment. Les jurisconsultes canoniques appuyaient cette décision sur la foi due au serment et sur ce que chez nous les femmes n'étaient plus en tutelle. Mais les jurisconsultes laïques et les parlements résistèrent vivement, et cette disposition du droit canonique finit par ne plus être admise que dans le ressort du parlement de Toulouse.

178. La coutume de la Marche, art. 299 et 300, permettait comme la coutume d'Auvergne (2), titre XIV, article 4, la vente des biens dotaux lorsqu'elle ne préjudiciait pas aux intérêts de la femme. C'est l'idée même de la Novelle 61, idée qui avait également prévalu à Bordeaux, où la femme pouvait consentir à l'aliénation de sa dot et renoncer à son hypothèque légale si le mari était solvable au moment de la réstitution de la dot.

179. En Normandie, le régime dotal présentait des caractères bien particuliers. On n'y doit point voir uneémanation du droit romain, mais une institution même de la coutume. Elle avait cherché à concilier les

(1) Denizart, *Collection de décisions nouvelles*. V. Velléien.
(2) V. Roussilhe, tome I, page 390.

exigences du régime dotal et des intérêts de la femme avec le principe de la liberté des biens. L'aliénation des immeubles dotaux était déclarée valable quand elle avait lieu du consentement du mari et de la femme (art. 538). L'acquéreur ne pouvait être inquiété tant que l'action en restitution de la dot n'était pas ouverte au profit de la femme; il ne pouvait l'être même après cette époque si la femme retrouvait dans la succession de son mari la valeur représentative de son immeuble vendu; mais si la succession était insolvable, la femme avait un recours subsidiaire contre le tiers détenteur, et faute par eux de payer l'estimation qui devait revenir à la femme, ils étaient dépossédés par elle. Pour fixer la valeur véritable des biens, la femme avait l'option entre le prix stipulé dans l'acte de vente et leur estimation à dire d'experts (art. 542). La vente était maintenue si les deniers provenant du prix avaient tourné au profit de la femme, par exemple si le prix avait servi à payer des dettes qui grevaient les biens constitués ou à faire à d'autres héritages des améliorations dont la femme aurait profité. L'inaliénabilité de valeur représentative de la dot était encore assurée par la défense faite à la femme de s'obliger personnellement. Toutes les obligations contractées par une femme mariée non séparée de biens étaient présumées de plein droit intervenues dans l'intérêt du mari, ce dernier seul en était responsable s'il y avait figuré pour habiliter sa femme. Ainsi le système matrimonial normand réunissait en même temps les avantages de la communauté et ceux du régime dotal; aussi grâce à la liberté des conventions matrimoniales proclamées par le Code , il s'est perpétué aussi fidèlement que le permettent nos lois actuelles.

180. Si plusieurs parlements, exagérant l'esprit de conservation du régime dotal, avaient étendu aux meubles le privilége de l'inaliénabilité, d'autres étaient restés dans de plus sages limites et n'avaient point outrepassé la protection que la loi romaine accordait aux intérêts de la femme ; de ce nombre était le parlement de Toulouse, qui reconnaissait au mari le droit de disposer à son gré de la dot mobilière sans distinction entre les meubles fongibles et les meubles non fongibles, ni entre les choses corporelles et les créances D'après Catelan (1) et Fromental (2) les créances dotales, quoique garanties par une hypothèque, ne sont nullement inaliénables entre les mains du mari, parce que ce sont des choses mobilières étrangères à la prohibition de la loi Julia (3). M. Tessier, *questions sur la dot*, page 105, prétend, il est vrai, que si les tiers acquéreurs se trouvaient protégés contre la revendication de la femme, c'est en vertu de la maxime *en fait de meubles possession vaut titre ;* mais si la dot mobilière eût été inaliénable comme il le prétend, cette maxime n'aurait pas suffi pour mettre les tiers à l'abri de la revendication de la femme dans le cas où ils auraient

(1) Liv. IV, chap. 47, tome II, page 123.

(2) *Dots*, tome I, no 254.

(3) Conférez, *Journal du Palais*, tome VI, pages 46 et 47 ; Merlin, *Questions de droit*, vo *Légitime*, § 8, page 107.

acheté de mauvaise foi, c'est-à-dire ayant connaissance de l'origine dotale de ces valeurs mobilières. Le parlement de Toulouse était le seul où se fût maintenue la loi *Assiduis*.

181. Le parlement de Grenoble était un de ceux qui se montraient les plus favorables aux principes de la liberté des biens. D'après la jurisprudence de ce parlement, les créances dotales et en général toutes les actions qui ont pour objet un capital mobilier, sont de libre disposition entre les mains du mari ; en conséquence la prescription courait au profit des débiteurs sans recours de la femme à la dissolution du mariage, même en cas d'insolvabilité du mari (1). A l'égard des meubles corporels non fongibles, la jurisprudence ne se montrait pas plus rigoureuse, et nous voyons de plusieurs arrêts émanés du parlement de Grenoble, que la femme peut, avec l'autorisation de son mari, faire donation de ses meubles dotaux même à un étranger (2).

182. En résumé des cinq cours souveraines qui réunissaient sous leur juridiction les pays attachés au régime dotal, nous en trouvons deux, celle de Toulouse et de Grenoble, qui donnaient au mari la pleine disposition des meubles dotaux. Au parlement d'Aix la question était controversée et nous trouvons des auteurs et des arrêts qui se prononcent en sens contraire (3).

(1) Chorier sur Guy-Pape, section II, art. 224, note a. — Benoît, tome X, page 250

(2) Duport-Lavillette, *Questions de droit*, tome II, p. 518.

(3) V. Tessier, *Questions sur la dot*, p. 113, notes.

Le parlement de Bordeaux n'admettait l'inaliénabilité de la dot que sous certaines conditions. Ce parlement avait une jurisprudence particulière. Par dérogation au droit commun de la dotalité, il refusait au
mari l'exercice des actions pétitoires dotales, tant en
demandant qu'en défendant (1). Quant aux pays compris dans le ressort du parlement de Paris, nous savons
qu'il y en avait quatre : Lyonnais, Mâconnais, Forez,
Beaujolais, où la loi Julia n'était pas observée, et qu'en
Auvergne l'inaliénabilité avait été tempérée comme à
Bordeaux par l'application des principes de la Novelle 61 ; à l'égard de la femme, tous les parlements
étaient d'accord, elle n'avait pas le pouvoir d'aliéner
sa dot pendant le mariage ; après la séparation de
biens, la dot était frappée d'indisponibilité entre ses
mains, même dans le ressort des parlements où la dot
mobilière était considérée comme aliénable. Si elle
consistait en sommes d'argent ou en meubles péris-
sables, elle n'était remise à la femme qu'avec certaines
précautions propres à la garantir contre ses propres
faiblesses. C'est dans le même esprit que le parlement
de Provence déclarait nulles les obligations contractées
par la femme, sans distinction entre les biens dotaux
et les biens paraphernaux ; mais ce n'était là qu'un
statut personnel dérivant de l'incapacité exercée par
le sénatusconsulte Velléien et qui tenait à un ordre
d'idées tout différent (2).

(1) Salviat, *Jurisprudence du parlement de Bordeaux*, p. 196.
(2) Duperrier, *Eléments de jurisprudence*, tome I, p. 57, n° 28.
Julien, *Statuts de Provence*, tome II, p. 557

183. Telles sont les nombreuses variations qu'avaient subies les saines traditions du droit romain primitif. L'action du temps qui altère tout, l'influence des mœurs, l'absence d'une centralisation ramenant sans cesse à l'unité, avaient introduit une foule de modifications aux principes. Chaque contrée avait cédé à l'empire des habitudes, et lorsque, pour en justifier l'usage, le texte de la loi venait à défaillir, c'était la jurisprudence qui remplissait cet office. La science était ainsi cantonnée suivant les limites du territoire, l'oracle d'une province se trouvait en défaut dans une autre, et l'avocat le plus habile perdait en changeant de ressort le fruit des études de sa vie.

184. Le Code civil a fait disparaître ces abus. La loi étant la même pour tous, son explication n'est plus exposée à s'égarer au milieu des divergences suscitées par les intérêts locaux, mais pendant longtemps encore on retrouvera les traces de cet ancien état de choses. D'une part, pour éteindre complétement les droits qui se rattachent à cette législation abrogée, il faut une période de temps considérable ; d'autre part, lorsque cette législation avait jeté de profondes racines, lorsque ces institutions étaient devenues chères aux populations qui les avaient adoptées, les traditions des familles s'efforcent de les perpétuer sous des formes rajeunies. On cherche alors à renouer la chaîne dont les anneaux ont été rompus, et l'on use de la liberté des pactes pour placer des idées d'un autre siècle sous la protection du droit commun.

Voilà pourquoi il n'est pas encore permis de délaisser entièrement les théories qui gouvernaient autrefois le régime dotal. Le magistrat et le jurisconsulte ont fréquemment besoin de recourir, soit pour régler les intérêts qui par la date de leur origine sont soumis à leur application, soit pour interpréter sainement les stipulations dont le but a été souvent de reproduire des statuts abrogés.

CODE NAPOLÉON.

185. Le premier projet du Code ne contenait aucune disposition qui autorisât expressément le régime dotal. Les rédacteurs du Code, élevés pour la plupart dans les principes du droit coutumier, n'avaient tenu aucun compte des habitudes des pays de droit écrit. On avait cru faire assez pour eux en laissant aux parties la faculté de faire dans leur contrat de mariage les stipulations qu'elles jugeraient à propos. Il suffit, disait le consul Cambacérès (1), d'avoir établi un droit commun,

(1) Séance du conseil d'Etat du 13 vendémiaire an XIII. Locré, t. XIII, p. 208, n° 35.

et d'avoir laissé aux parties la liberté de se marier, suivant les usages qu'elles préféreront. Le premier projet de thermidor an VIII, présenté par M. Portalis, se bornait à énoncer en sept articles les clauses de dot, ou de biens paraphernaux, parmi les conventions exclusives de la communauté, se rapportant pour tous les effets de ces clauses aux notions établies par le droit et la jurisprudence alors en vigueur.

185. Un nouveau projet fut présenté au conseil d'Etat, le 6 vendémiaire an XII (1); mais, bien que dans ce projet, il fût permis aux époux de stipuler que leurs biens seraient dotaux en tout ou en partie, le régime dotal qu'il consacrait n'avait guère de ce régime que le nom. En effet l'art. 138 du projet innovait gravement sur l'ancien droit. En voici les termes : « *Les immeubles constitués en dot ne sont point inaliénables, toute convention contraire est nulle.* » Cette prohibition eût sapé par sa base le régime des dots. Les pays de droit écrit qui comprenaient quarante départements réclamaient contre cette mutilation de leur régime favori; ils se plaignirent de l'insuffisance des dispositions qui lui étaient consacrées. Ils allèrent même jusqu'à demander que ce régime fût le droit commun de la France plutôt que celui de la communauté, et ce ne fut qu'après une vive discussion que cette prétention fut repoussée dans sa généralité.

187. Il est incontestable en effet que *la communauté* est le mode d'association le mieux approprié au lien

____

(1) Fenet, tome XIII, p. 492.

qui unit la personne des époux. Unité de personnes, identité d'intérêts, communauté de biens, ce sont là des idées qui s'enchaînent invinciblement. Le mariage est une collaboration de tous les instants pour s'aider, se secourir, grandir en bien-être et en considération, et assurer le sort des enfants. Le régime dotal est donc en désaccord avec la vérité, quand il donne tous les bénéfices au mari et rien à la femme, quand il établit dans les biens une séparation qui répugne au régime des personnes. Sans doute dans un tel système la femme n'est pas exposée à perdre sa fortune personnelle, mais pour arriver à ce résultat dont se glorifient les partisans de la dot, il faut isoler la femme des vicissitudes conjugales, il faut la rendre indifférente aux revers et aux prospérités du mariage, il faut renverser en un mot la pensée fondamentale qui préside au mariage chrétien (1).

(1) M. Dupin, procureur général près la Cour de cassation, dans son célèbre réquisitoire prononcé le 16 janvier 1858, sur la question des prélèvements de la femme commune, comparant le régime dotal au régime de communauté, s'exprime ainsi. « Le régime dotal est un régime « de sécurité fondé sur la défiance. Il est pratiqué surtout dans les fa- « milles riches, dans les hautes classes. Pour les pays de droit écrit « c'est un reste du droit romain, *du droit patricien.* — En effet, la « femme dotale est une sorte de matrone, elle siège, pour ainsi dire, dans « une chaise curule; elle plane, presque sans y toucher, au-dessus des « affaires du ménage, et si, par aventure, elles vont mal, elle répond « avec un calme stoïque aux créanciers : « Ce sont les affaires de mon- « sieur. » *Dans la communauté conjugale de biens,* c'est tout autre « chose. La communauté conjugale est le régime français par excellence, « c'est celui de nos pères; il remonte aux origines de la nature. Là les « intérêts ne se divisent pas ; ils se rapprochent, ils se confondent : c'est « bien là l'*omnis vitæ consortium; individuam vitæ consuetudinem*

188. Quant au côté moral de la question, peut-on dire
que la bonne foi réside dans le régime dotal Si les
époux ont contracté des dettes, soit pour se livrer à
une vie plus agréable et plus facile, soit pour pourvoir
plus largement à une meilleure éducation des enfants,
la femme ne jouit-elle pas de ces douceurs et de ces
avantages? Pourquoi donc ne les paierait-elle pas?
Mariés en communauté, elle se couvrirait de honte, si
elle venait à renier ses engagements; femme dotale,
au contraire, elle peut promettre et signer, elle n'est
pas forcée de tenir. Le régime dotal ne voit surtout
que les maris qui se ruinent, le régime de la communauté se préoccupe davantage des bons pères de famille que le progrès vient récompenser de leur diligence.

189. Enfin au point de vue économique, est-il bon que
la moitié des biens d'un pays soit soustraite au mouve-

« *continens.* — Au sein de la communauté, point de cet égoïsme, de
« ce presque dédain, de cette indifférence qui trop souvent glace le ré-
« gime dotal. — C'est une sollicitude de tous les jours, de tous les ins-
« tants; le mari travaille; sa femme, autant qu'elle le peut, lui vient en
« aide; il gagne, elle économise; elle sait qu'elle peut gagner, et aussi
« qu'elle peut perdre (*et il est bon qu'elle le sache*), selon que la com-
« munauté sera bonne ou mauvaise; que le sort des enfants, que l'hon-
« neur du mariage en *dépend!*...

« C'est là la vie la plus générale en France; celle de près de 20 mil-
« lions de laboureurs, de plus de 5 millions d'industriels, d'ouvriers et
« d'artisans; c'est la vie de presque toutes les familles bourgeoises, des
« gens qui ont des états, des charges d'avoués, de notaire, des places à
« cautionnement; dans toutes ces ruches sanctifiées par le travail, *le*
« *sentiment de la communauté est celui qui fait prospérer les bons*
« *et honnêtes ménages.* » V. Dalloz, 1858, 1re partie, p. 17, affaire
Mainet.

ment de circulation qui dans les pays de communauté donne à la terre une si prodigieuse valeur? est-il conforme aux intérêts des époux que des capitaux immobiliers dont ils pourraient tirer un parti très-avantageux par une vente opportune restent amortis dans leur main? Comparez les progrès que les familles agricoles du nord de la France obtiennent tous les jours dans leurs exploitations, en offrant aux tiers le crédit simultané de l'homme et de la femme, avec l'impuissance des époux dotaux pour sortir de la stérile routine où les plonge l'absence de crédit, fruit de leur déplorable situation matrimoniale.

La conclusion de tout ceci est évidente. Le régime dotal immole la morale publique à l'esprit de conservation, il sépare les époux au lieu de les réunir, il enlève à la propriété son mouvement, son essor, sa fécondité, il la paralyse en l'amortissant; s'il donne de la stabilité aux intérêts de la femme, il fait peser sur les tiers et sur le crédit une désastreuse instabilité. Que ceux qui n'ont jamais vu fonctionner la communauté y aperçoivent des périls et des difficultés pratiques, je le conçois, et c'est ce qui m'explique certaines prédilections invétérées pour la dot, mais il suffit d'observer de près les mariages gouvernés par la communauté, pour être convaincu qu'ils se signalent par plus d'égalité entre les époux, plus d'émulation dans le travail, plus de bonne foi dans les rapports extérieurs, plus de crédit auprès des tiers, plus de progrès dans la famille.

190. Lors de la rédaction du Code civil, la tourmente

révolutionnaire avait mis en présence, à la fois,
toutes les idées de désordre et d'avenir. Il fallait édifier,
et l'on avait peine à secouer le poids énorme des ruines,
on avait soif de l'uniformité dans les lois, et quand on
touchait au régime matrimonial on se heurtait involon-
tairement contre tous les débris des institutions diverses sous lesquelles chaque province avait pris depuis longues années l'habitude de faire ses mariages.
Il n'est donc pas surprenant que cet antagonisme
dans les idées et dans les faits ait suscité de si vives
discussions parmi les rédacteurs du Code.

191. Par une sorte de transaction entre le Nord et le
Midi, les partisans de la communauté concédèrent
deux choses. La première était la faculté d'opter pour
le régime dotal, de là l'art. 1393 ; la seconde était une
organisation complète de ce régime que l'on rétablis-
sait et la conservation de l'ancien principe de l'inalié-
bilité du fonds dotal (1). Toutefois, l'exécution se res-
sentit de la répugnance de la majorité des conseils ; ce
ne fut qu'à regret et pressé par le temps que l'on ac-
corda les quarante articles qui gouvernent aujourd'hui
le régime dotal et qui laissent encore tant de questions
indécises. Nulle part on ne voit percer dans les discussions l'intention de créer un nouveau système, ni de
rompre avec les traditions et la jurisprudence des pays
de droit écrit. « *L'intention du législateur, dit M. Du-
verier, dans son rapport au Tribunat, n'avait jamais*

____

(1) Locré, tome XIII, p. 209. L'art. 138 du projet fit place à l'article
1554 du Code Napoléon.

*été d'enlever violemment au Midi un système de lé-
gislation matrimoniale dont une longue habitude, le
calcul accoutumé des intérêts, avait fait un besoin et
presqu'un objet essentiel* (1).

« *Le mode et l'application du régime, dit-il ailleurs* (2), *n'ont besoin que d'un petit nombre de règles,
toutes extraites et traduites du droit romain avec tant de
fidélité, que, si quelquefois notre projet de loi s'écarte
de l'usage, c'est encore pour s'attacher plus fortement
à la législation romaine dont l'usage s'était écarté.* »

192. On ne pouvait exprimer plus clairement que, pour
tous les points qui ne sont pas inconciliables avec les
dispositions précises du Code Napoléon, il était inutile
de reproduire les règles de l'ancien droit, parce que ce
droit était censé former encore le complément nécessaire du régime dotal tel que le législateur le recons-
tituait.

193. Concluons donc de toutes ces citations que, dans
l'intention formelle du législateur, ces dispositions du
Code doivent être, sauf dérogation expresse appliquées,
interprétées et suppléées d'après les traditions du droit
romain et de l'ancienne jurisprudence. Tel est, suivant
nous, le principe dirigeant de toute interprétation ra-
tionnelle de cette matière.

194. Voici la division que nous croyons devoir adopter.
Nous examinerons dans une première section *quels
sont les biens soumis à l'inaliénabilité, et quels sont*

---

(1) Locré, *Législation civile*, tome XIII, p. 323.
(2) Idem, p. 380, n° 50.

les effets de cette inaliénabilité ; dans une deuxième *les exceptions aux principes de l'inaliénabilité ;* et dans une troisième *la sanction de ce principe.*

SECTION PREMIÈRE.

QUELS SONT LES BIENS SOUMIS A L'INALIÉNABILITÉ, ET QUELS SONT LES EFFETS DE CETTE INALIÉNABILITÉ ?

§ 1. *De l'inaliénabilité relativement à la dot mobilière.*

195. Ici nous nous trouvons tout d'abord en présence d'une des plus graves questions qui aient jamais divisé la doctrine et la jurisprudence. L'inaliénabilité que l'art. 1554 applique d'une manière expresse aux immeubles, doit-elle être étendue à la dot mobilière ?

196. Si restreint que soit notre cadre, nous ne pouvons nous dispenser de retracer brièvement les points culminants de la controverse. Nous l'examinerons : 1° *d'après le droit romain* ; 2° *d'après le droit des provinces du Midi* ; 3° *d'après la discussion et les dispositions du Code*, et 4° *enfin, d'après la jurisprudence.*

197. 1° Aucun texte du droit romain ne faisait porter la prohibition d'aliéner sur les choses dotales mobilières. Partout, et dans les fragments qui nous restent de la loi Julia et dans les textes du Digeste et du Code, il n'est question que du *fundus dotalis, res immobiles, prædia.* La loi 30 au Code, *De jure dotium*, décide, il est vrai, qu'en cas d'insolvabilité du mari, la femme pourra

poursuivre entre les mains des tiers acquéreurs tout ce qu'elle a apporté en dot, même les meubles estimés ; mais ceci, comme on le voit, n'est qu'une garantie particulière, une protection accordée à la femme, et ne constitue en rien un principe d'inaliénabilité (1).

198. 2° L'ancienne jurisprudence des pays de droit écrit avait-elle conservé les mêmes principes ?

Nous avons vu qu'il était difficile de résoudre cette question d'une manière absolue, soit dans un sens, soit dans l'autre. Cependant à travers les diversités de jurisprudence des parlements, nous apercevons plutôt une tendance à proclamer l'inaliénabilité : elle avait certainement triomphé dans le ressort du parlement de Toulouse. La femme n'y pouvait par aucun engagement, cession ou obligation, même avec le consentement du mari, aliéner la dot en aucune partie. Dans le ressort du parlement de Bordeaux, on décidait aussi que, quoique le mari pût vendre les meubles fongibles de la dot, parce qu'il en était propriétaire, les meubles non fongibles restaient inaliénables (2). Dans les pays qui relevaient du parlement de Paris, on jugeait, par suite du même principe, que les obligations contractées soit par le mari, soit par les deux époux pendant

(1) V. Cujas, t. II, col. 551, édition Fabrot. — Accurse, Glose, sur les mots *dotale prædium*, tit. VIII, liv. II, *Institutes*. — Vinius, *eodem loco*. — Voët, *ad Pandectas*, t. II, p. 120. — *Contra* Doneau, t. VIII, p. 221, mais il a été savamment réfuté par Hasse, *De culpa*, p. 567, et par Gluck, t. XXV, p. 132 à 138.

(2) C'est ce que M. Tessier a établi par diverses attestations manuscrites de l'ancien barreau de Bordeaux. *Dot.*, t. I, note 299, sous la page 292. V. *Revue critique*, t. III.

la durée du mariage, ne pouvaient être exécutées même après la dissolution sur la dot mobilière (1).

199. Dans tous ces parlements on allait si loin pour ne pas admettre d'aliénation de la dot mobilière, que l'on refusait entièrement à la femme qui n'avait qu'une dot de cette nature, la faculté de renoncer au profit d'un créancier de *son mari à la priorité de son hypothè-que légale*, parce que c'était arriver d'une manière indirecte à l'aliénation de la dot (2).

200. Nous arrivons au Code Napoléon, dans les discussions auxquelles donna lieu la reconstitution du régime dotal et dans les discours des orateurs du gouvernement, on ne trouve pas un amendement, pas une phrase de laquelle on puisse induire que le législateur eût l'intention d'étendre l'inaliénabilité à la dot mobilière ; bien plus, l'article qui établit ce principe, celui qui est devenu l'art. 1554 du Code Napoléon dans toutes ses rédactions successives, ne parle que de l'immeuble constitué en dot.

201. On cite, il est vrai, quelques passages du rapport de Siméon au Corps législatif, dans lesquels il est

(1) Rappelons toutefois que dans le Lyonnais, le Maconnais, le Beaujolais et le Forez, depuis l'édit de 1664, la dot immobilière elle-même était aliénable et par conséquent, *a fortiori*, la dot mobilière.

(2) On voit que nous arrivons à une conclusion opposée à celle que Toullier a émise sur la doctrine de l'ancien droit. — V. t. XIV, n° 169. Les citations de Serres et de Henrys, qu'il invoque, ne nous ont pas paru pouvoir l'emporter sur le témoignage des autres auteurs et les monuments de la jurisprudence. — V. Despeisses, *Dot.*, sect. II, n° 34 ; Catelan, *Recueil des arrêts des parlements de Toulouse*, liv. IV. — V. Expilly, en ses *Arrêts*, chap. 123 ; Roussilhe, t. I, p. 428.

question de l'inaliénabilité de la dot d'une manière générale (1) ; mais la phrase à laquelle nous faisons allusion, est loin d'être précise, ce n'est qu'une généralité
sur le régime dotal dans son ensemble. Abordons la
question sur le terrain des textes.

202. Lorsqu'on étudie la série des articles 1549 et
suivants, il est difficile d'admettre que les meubles
puissent y être compris.

D'abord la rubrique même de la section II ne parle
que de l'inaliénabilité du fonds dotal ; or, en présence
des controverses que la question avait soulevées dans l'ancienne jurisprudence, il est évident que le législateur
devait l'avoir présente à la pensée. Or, l'article 1554 qui
formule le principe de l'inaliénabilité et qui contient
la réponse à la question *qu'est-ce qui est inaliénable ?*
ne parle que des immeubles constitués en dot et
exclut toute extension aux meubles par cette énoncia-
tion précise.

Mais, dit-on, les articles 1555 et 1556 parlent de
biens dotaux sans distinction. Sans doute, mais dans
quel sens ? Uniquement dans un sens d'exception à
l'art. 1554, dont ils ne sont que le complément, et à
moins d'admettre que l'exception outrepasse la règle,
elle ne peut s'entendre que de l'aliénabilité des mêmes
biens dotaux dont la règle parlait, c'est-à-dire des biens
dotaux immeubles.

203. S'il était vrai que la dot mobilière fût inaliénable, il faudrait, pour être logique, soutenir que la loi,

____

(1) Locré, p. 471, nᵒˢ 46 et 47.

dans les cas prévus par l'art. 1558, n'ayant apporté d'exception au principe d'inaliénabilité que relativement aux immeubles, les meubles ne peuvent pas être aliénés dans les mêmes circonstances; c'est à cette conclusion qu'est arrivé le tribunal de la Seine : des époux voulaient, pour payer les dettes de la femme, vendre des actions de la Banque de France ; le tribunal décida que, dans l'espèce, ces actions étant meubles, et la faculté d'aliéner dans certains cas, étant purement relative aux immeubles, ne pouvait être étendue aux meubles dans un régime où tout est de droit étroit et que, dès lors, la vente était impossible (1).

204. Mais, dit-on, d'après l'art. 1541, tout ce que la femme se constitue ou qui lui est donné par contrat de mariage est dotal, s'il n'y a stipulation contraire. La loi est générale, elle comprend dans la dotalité toutes les natures de biens constitués ; or, à quoi servirait d'avoir imprimé le caractère de dotalité aux valeurs mobilières, si elles pouvaient être aliénées, l'art. 1541 serait sans objet.

Cet argument n'est qu'une pétition de principe. L'article 1541, il est vrai, déclare dotal tout ce qui est constitué en dot par la femme, mais on ne peut pas conclure de là que tout ce qui est dotal soit inaliénable, car c'est précisément ce qu'il s'agit de prouver. L'inaliénabilité n'est pas un des caractères essentiels de la dotalité, la preuve en est que l'immeuble

(1) Jugement du 28 août 1849. Il a été infirmé sur appel par un arrêt du 18 décembre 1849. Devilleneuve, 50, II, 99.

même constitué en dot peut être déclaré aliénable;
comment dès lors peut-on soutenir que l'art. 1544 est
sans objet, puisque s'il n'existait pas, tous les biens que
la femme apporte ou qui lui sont cons'itués en dot par
contrat de mariage seraient paraphernaux ?

205. On argumente encore de l'art. 1543, qui interdit même aux tiers la faculté d'augmenter la dot pendant le mariage. Prohibition qui, selon nos adversaires,
serait incompréhensible si les meubles dotaux étaient
aliénables. L'art. 83 du Cod. de procédure, ajoute-t-
on, exige que toutes les causes intéressant la dot de la
femme soient communiquées au ministère public. Il
résulte de cette disposition combinée avec celle de l'article 1004 du Cod. de procédure, que la dot ne peut
être l'objet d'un compromis et que, par conséquent,
elle ne peut être aliénée, puisque, d'après l'art. 1003,
on ne peut compromettre que sur les biens dont on a
la libre disposition.

A cela nous répondons que le mot dot, dont se sert
l'art. 1543, ne peut être pris dans un sens général, et
ne comprend que la dot inaliénable, c'est-à-dire immobilière. Cette disposition ne peut s'expliquer que par
cette considération d'intérêt spécial qu'il ne faut point
augmenter la masse des biens soustraits à la circulation.
L'art. 1543 n'est, relativement aux époux, que l'application du principe posé dans l'art. 1395 ; mais quand
il s'agit des tiers on doit restreindre les effets de cette
prohibition à ce qu'elle présente de raisonnable, et
on ne doit l'appliquer qu'autant que l'augmentation de
la dot présente des dangers. On pourrait donc donner

un immeuble, à la condition qu'il serait dotal, mais aliénable. Cette disposition serait équivalente à celle qui donnait à la femme la nue-propriété, et au mari la jouissance, sous la condition que les fruits seraient employés aux besoins du ménage. Il n'y a donc rien à conclure de l'art. 1543, qui n'a rien de commun avec le principe de l'inaliénabilité.

206. Nous ferons une réponse analogue à l'objection tirée de l'art. 83 du Cod. de procédure. Cet article ne parle que des causes intéressant la partie de la dot dont on ne peut disposer, c'est-à-dire la dot immobilière. Si l'immeuble dotal avait été stipulé aliénable, l'article 83-6° pourrait paraître applicable dans son texte, mais non dans ses motifs. Supposons, en effet, le mari plaidant en revendication d'un tel immeuble, à quoi servirait l'intervention du ministère public, puisqu'il n'y a plus aucune raison de craindre que les époux fassent indirectement une aliénation qu'il leur est loisible de faire directement.

207. Enfin, nous ajouterons une autre observation. Si le législateur avait voulu étendre le principe de l'inaliénabilité aux valeurs mobilières dotales, il leur aurait certainement appliqué la suspension de prescription qui existe pour les immeubles. La prescription serait un moyen d'éluder la loi, d'autant plus facile et dangereux à l'égard des meubles corporels, qu'ils sont soumis à une prescription instantanée; aussi, dans les pays de droit écrit qui considéraient la dot mobilière comme aliénable, la prescription était suspendue en faveur de la femme pendant le mariage, ou du moins

elle n'avait lieu d'une manière définitive à l'égard des meubles dotaux que dans les cas où le mari était solvable au moment de la restitution de la dot.

208. Ce n'est pas d'ailleurs avec de simples inductions qu'il est permis sous le Code d'introduire une série d'incapacités, et de frapper d'inaliénabilité toute une classe de biens. Une foule de dispositions incontestables d'intérêt public empêchent d'étendre jusquelà la portée d'interprétation. L'art. 1598 dit positivement : « *Tout ce qui est dans le commerce peut être* « *vendu lorsque des lois particulières n'en ont pas pro-* « *hibé l'aliénation.* » Or on chercherait vainement un article de loi qui ait prohibé l'aliénation des meubles dotaux. L'art. 1594 est encore plus concluant. « Tous « ceux auxquels la loi ne l'interdit pas, peuvent acheter « ou vendre.» Or quelles sont les interdictions concernant la femme mariée relativement aux meubles dotaux dont elle a conservé la propriété? Il n'y en a aucune autre que celle des articles 216 et suivants, qui exigent, pour la validité de leur aliénation, que la femme soit autorisée de son mari, et il en est de même d'après les art. 1123 et 1124 pour toute espèce d'obligations que la femme pourrait contracter relativement à ses meubles.

209. Quant aux arguments tirés de la nécessité de sauvegarder les intérêts de la femme qui n'a qu'une dot mobilière, et de ne pas compromettre l'avenir de la famille, en permettant la dissipation d'un capital destiné à garantir les époux des éventualités malheureuses, nous pourrions nous dispenser d'y répondre. Que la

loi soit insuffisante, ce n'est pas la question ; peut-être y a-t-il là une lacune, mais il n'appartient qu'au législateur de la combler.

210. La dotalité est-elle d'ailleurs une chose si excellente qu'on doit ainsi l'étendre? On parle de l'intérêt des femmes, mais que devient l'intérêt du crédit public; et si le créancier est une femme, comment sortira-t-on de ce cercle vicieux ? L'intérêt des femmes est respectable, sans doute, mais il doit avoir pour limite l'intérêt public. C'est faire violence à la nature des choses que de frapper d'immobilité des objets essentiellement mobiles.

Cette espèce d'amortissement de la propriété n'est plus en harmonie avec les mœurs de notre siècle, où, par suite des progrès du commerce et de l'industrie, la circulation des valeurs mobilières a pris une si grande extension.

211. Le système de protection exagérée pour la femme, que nous combattons, peut tourner contre elle-même, et causer la ruine de la famille; son intérêt bien entendu exige que les meubles puissent être aliénés. Souvent une vente faite à propos préviendra une baisse considérable dans des valeurs industrielles. Eh bien, la prétendue inaliénabilité de la dot s'oppose à ce que cette vente ait lieu. La femme est obligée d'assister tranquillement à la perte d'une partie de sa fortune dans l'impuissance de la prévenir. Qu'on ne dise pas que les époux auront la ressource de s'adresser à la justice, dans le cas d'urgente nécessité. Aucun texte n'autorise cette intervention du juge dans les affaires de famille.

212. Le droit des tribunaux est fixé dans de justes limites, par l'art. 1558. Hors ces cas extrêmes, déterminés par le législateur, il n'est pas permis aux tribunaux de s'arroger des pouvoirs que la loi ne leur confère pas. Après toutes ces raisons données contre le système de la jurisprudence qui paraît, du reste, définitivement consacré de nos jours, et qu'il serait inutile de combattre autrement qu'au point de vue doctrinal, il importe de préciser dans quel sens la Cour de cassation entend le principe d'inaliénabilité de la dot mobilière, et d'énoncer brièvement les conséquences d'application qui en découlent et qui ont été consacrées par divers arrêts.

213. Pour comprendre la portée de cette formule dangereuse, il importe de distinguer les deux points suivants : 1° *Le mari peut-il aliéner les biens dotaux mobiliers ? 2° La femme peut-elle par une convention quelconque compromettre son action en répétition de dot ?*

214. Sur le premier point, qui ne doit pas se confondre avec la question d'inaliénabilité, la Cour de cassation a admis, conformément au système généralement suivi dans notre ancienne jurisprudnece, que le mari peut comme *quasi-dominus dotis* disposer du mobilier dotal de la femme. On argumente de l'art. 1549 qui lui donne l'exercice des actions pétitoires et de l'art. 1554 qui ne lui interdit pas l'aliénation des immeubles (1). On conçoit que l'intérêt de la question est

---

(1) Troplong, *Prescription*, n°s 483 et 839. — V. Arrêt de la Cour de

surtout considérable à l'égard des créances et autres
biens incorporels auxquels ne s'applique pas l'art. 2279.
Ces arguments, il faut l'avouer, nous paraissent peu
concluants. La première condition pour pouvoir aliéner
dans notre droit, c'est d'être propriétaire (art. 1599);
or qui est propriétaire du mobilier, corps certain non
estimé ou estimé avec déclaration qu'il ne vaut pas vente?
La femme (art. 1564, 1565). Le mari n'est qu'un mandataire avec pouvoir général d'administrer; or quand
il s'agit d'aliéner ou d'hypothéquer, le mandat doit être
exprès (art. 1988). Mais, dit-on, il y a ici une exception
commandée par les précédents. L'esprit des rédacteurs
a été de ne point innover en matière de régime dotal.
Ceci est vrai comme idée générale; mais ne voyons-
nous pas au contraire qu'on a évité partout l'emploi du
mot, *maître de la dot*, si commun dans nos anciens auteurs; l'art. 1549, au contraire, ne donne au mari que
la qualification d'administrateur. Nous ne pouvons donc
faire résulter des conséquences identiques de qualifica-

cassation du 26 août 1851. La cour a cassé un arrêt de Lyon dans l'espèce suivante. Une femme avait une créance hypothécaire. Son débiteur
étant tombé en faillite, le mari était intervenu au concordat, ce qui, d'a-
près l'art. 508 du Code de commerce, entraînait la déchéance de l'hypothèque. La cour de Lyon avait décidé que le mari n'avait pas eu le pouvoir de disposer de la créance hypothécaire de sa femme. — Par arrêt du
1er décembre 1851, la Cour de cassation a décidé que le mari pouvait
vendre les rentes dotales de sa femme. — V. encore arrêt du 26 mars 1855
et du 31 décembre 1856. — Cependant des arrêts plus anciens avaient
décidé en sens contraire. C'est ainsi que, le 30 août 1830, le pourvoi en
cassation avait été admis contre un arrêt de la cour de Paris prononçant
la nullité de la cession qu'un mari avait faite avec le consentement de sa
femme, d'une créance constituée en dot. Dalloz, 1833, p. 246.

tions si différentes, et nous croyons que la jurisprudence a été amenée à reconnaître au mari le pouvoir sans limites d'aliéner les meubles de la femme, précisément à cause des difficultés pratiques qu'aurait entraînées sans cela le principe de l'inaliénabilité de la dot. Reconnaissons donc d'abord que ce principe n'a jamais été entendu par la jurisprudence, en ce sens que les meubles dotaux ne pourraient pas être aliénés par le mari ou par la femme autorisée du mari.

215. Sur le deuxième point la jurisprudence décide *que la femme ne peut par aucune convention compromettre son action en répétition de dot*, et c'est là surtout ce qu'elle entend par cette formule équivoque : *La dot mobilière est inaliénable,* formule dont elle n'a tiré jusqu'à présent que les conséquences suivantes :

1ʳᵉ *conséquence. — La femme ne peut renoncer au profit d'un tiers à l'hypothèque légale que les art.* 2121 *et* 2122 *lui accordent* (1), lors même qu'elle se serait obligée solidairement avec son mari, lors même qu'à cette obligation solidaire elle aurait ajouté cession de son rang d'hypothèque et subrogation à ses droits. Toutes ces obligations, cessions, subrogations, renonciations sont nulles comme conduisant à l'aliénation de la dot mobilière (2). Ainsi encore, la main-levée de l'inscription qu'une femme avait prise sur les biens de son

____

(1) C'est à cette interdiction de la renonciation de la femme que paraît faire allusion l'art. 9 de la loi du 23 mars 1855.

(2) Cassation, 28 juin 1840. — Limoges, 5 juillet 1816 ; Paris, 26 août 1820 ; Grenoble, 8 mars 1834. — Cassation, 26 mai 1836 et 2 janvier 1837.

père pour sûreté de compte de tutelle qui lui constituait une créance dotale, a été déclarée nulle (1).

**216. 2ᵉ *conséquence.*—*L'inaliénabilité entraîne l'insaisissabilité.* C'est pourquoi la femme ne pourra pas plus, en contractant avec l'autorisation de son mari ou celle de justice, conférer un droit de gage à son créancier sur sa dot mobilière que sur sa dot immobilière.

Ainsi les créanciers avec lesquels la femme a contracté n'auraient pas le droit d'exercer la créance que cette femme a contre son mari pour la restitution de sa dot, ni de pratiquer des saisies-arrêts sur cette créance (2). Il a même été jugé que les obligations contractées par la femme, du consentement de son mari, ne pouvaient pas plus s'exécuter sur les intérêts que sur le capital de la dot mobilière (3). Toutefois, la jurisprudence a modifié ce que ce principe avait de trop sévère en le restreignant à la partie de ses revenus qui est nécessaire pour subvenir aux charges du mariage.

**217. 3ᵉ *conséquence.* — *L'inaliénabilité de la dot mobilière persiste après la séparation de biens comme celle des immeubles dotaux* (4). En consé-

---

(1) Cassation, novembre 1833.

(2) Cassation, 26 août 1828.

(3) Cassation, 11 janvier 1831.

(4) Cassat.,7 juill. 1830. Comment concilier ceci avec les principes et les arrêts qui reconnaissent au mari le droit de disposer de la dot? Si les meubles dotaux peuvent être aliénés par le mari, c'est donc que l'adoption du régime de dotalité ne les rend pas inaliénables dans le sens ordinaire du mot. Or, comment le deviendraient-ils après la séparation de biens? Le régime de séparation ne change rien à la nature des biens, il ne peut influer que sur

quence, la femme séparée de biens ne pouvait pas, même avec l'autorisation de son mari, engager ses biens dotaux par des emprunts, les donner, ou, en général, faire des actes en dehors de ceux autorisés par l'art. 1449, et les créanciers nés après la séparation de biens ne pourraient pas saisir les meubles ou pratiquer des saisies-arrêts entre les mains des débiteurs de deniers dotaux.

218. 4ᵉ conséquence. — *Lorsque dans un contrat de mariage on aura déclaré les immeubles aliénables, on devra se demander si la stipulation d'inaliénabilité s'étend à la dot mobilière, et on pourra décider le contraire (1).*

219. 5ᵉ conséquence.—*Lorsque de la liquidation des droits de la femme le mari lui abandonne un immeuble en paiement de ses droits, cet immeuble ne pourrait être saisi par les créanciers de la femme qu'à la condition, par eux, de consigner le montant de sa dot (2).*

§ 2. *De l'inaliénabilité relativement à la dot immobilière.*

L'art. 1554 pose le principe : « *Les immeubles constitués en dot ne peuvent être aliénés ou hypothéqués*

---

la capacité de la femme. Or, s'il est vrai que le mari puisse aliéner comme administrateur, et *quasi dominus,* les valeurs mobilières dotales, il s'ensuit nécessairement que la femme qui recouvre par la séparation de biens tous les droits que le régime dotal confère au mari, doit pouvoir les aliéner dans la même limite.

(1) Cassation, 9 juin 1847.

(2) Montpellier, 18 février 1853; Bordeaux, 14 mai 1857; Grenoble, 11 juillet 1857

pendant le mariage, ni par le mari, ni par la femme, ni par les deux conjointement. » La règle d'inaliénabilité est la même pour toutes les classes d'immeubles, par nature, par destination, par l'objet auquel il s'applique (art. 518, 524 et 526). A ces différentes classes d'immeubles, ajoutons les biens qui ont été immobilisés par une faveur spéciale de la loi; actions de la Banque de France, recettes sur l'Etat, actions des canaux d'Orléans et du Loing (décrets du 16 janvier 1808, 1er mars 1808 et du 16 mars 1818). Ainsi si une rente immobilisée faisait partie d'une constitution dotale, nul doute que l'administration qui se réserve d'apprécier les pièces produites à l'appui des transferts, ne s'opposât à l'aliénation de la rente (1).

220. La prohibition d'aliéner comprend tous les actes d'aliénation et s'applique indistinctement à tous les actes de disposition, soit à titre gratuit, soit à titre onéreux, par lesquels la propriété de l'immeuble dotal serait transférée en tout ou en partie, ou par lesquels cet immeuble serait grevé d'hypothèque ou d'autres droits réels.

221. L'immeuble dotal pourrait-il être compris dans une institution contractuelle? Nous le pensons avec la plupart des auteurs. L'ancienne jurisprudence admettait la validité d'une semblable donation, et le Code ne doit pas appliquer d'une manière plus rigoureuse les prohibitions de la dotalité (2).

---

(1) Arrêt du conseil d'Etat du 17 juin 1843. Devilleneuve, 1843, ii, 6, 1.
(2) Chabrol, *Coutume d'Auvergne*, chap. xiv, art. 3. — Roussilhe, *Dot*, t. 1, 394. — Duranton, t. ix, n° 324. — Troplong, t. iv, n° 3272. Tessier, t. ii, n° 507.

Une telle aliénation n'a d'effet qu'à la mort de la femme, à un moment où la dotalité n'existe plus. Elle laisse intact le droit de jouissance du mari, elle ne prive pas le ménage des revenus de la dot. Si la femme devient veuve et qu'elle ait des enfants d'un nouveau mariage, cette survenance fera évanouir la donation (art. 960). Tout ce que la femme s'est interdit, c'est de disposer de la chose à titre gratuit, et nous ne voyons rien là qui puisse violer les règles de l'inaliénabilité.

222. Par des raisons analogues nous pensons qu'il faut se prononcer pour la validité de la donation entre-vifs que la femme ferait de ses biens dotaux à son mari. On ne peut pas dire que la propriété soit enlevée à la femme, parce qu'elle peut toujours la recouvrer par une simple manifestation de volonté. Le donataire n'a qu'un titre précaire et son droit ne sera irrévocablement rétabli que par la mort de la femme, comme cela a lieu pour les legs.

223. Peut-il être l'objet d'une transaction? En droit romain elle était assimilée à une véritable aliénation (1). Il ne paraît pas que le Code Napoléon se soit écarté du droit romain, puisque l'art. 2045 porte que pour transiger il faut avoir la capacité de disposer des objets compris dans la transaction.

A fortiori le mari ne peut-il pas compromettre sur les immeubles dotaux (art. 1003, 1004, Code Nap., et 83-6°, Code de procédure). Le compromis présente plus

____

(1) Loi 1, § 9, au Dig. (38, 5). — Code, loi 4 (5, 21).

de danger que la transaction, puisqu'il soustrait les parties à leur juge naturel (1). De même le mari ne peut acquiescer à une demande dont le résultat serait la perte de l'immeuble dotal. Le seul effet de cet acquiescement serait d'interrompre la prescription qui aurait commencé à courir contre le demandeur (art. 2248).

224. Une question très-controversée est celle de savoir si le mari peut seul, et sans le concours de la femme, intenter une action en partage des biens dotaux ou y défendre. En droit romain, le mari avait qualité pour défendre seul à une action en partage, mais il n'avait pas qualité pour le provoquer, et il ne pouvait le faire qu'avec le concours de la femme (2). Sous le Code nous nous en tenons à l'application du texte de l'art. 818. C'est à tort qu'on affirme qu'en écrivant cet article le législateur n'entendait pas régler le cas où les époux sont mariés sous le régime dotal, car si à cette époque on ne savait pas si ce régime serait ou non adopté comme régime légal, on savait au moins qu'il serait permis aux parties de le stipuler expressément. D'après l'art. 2208, « l'expropriation des immeubles « de la femme qui ne sont point entrés en commu- « nauté se poursuit contre le mari et la femme, la- « quelle, au refus du mari de procéder avec elle, ou si « le mari est mineur, peut être autorisé en justicee. » Ici on n'a plus la ressource d'invoquer le prétendu

---

(1) Pigeot, *Procédure civile*, t. I, p. 8.
(2) V. loi 2 au Code de Justinien, *De fundo dotali*.

doute qui serait entré dans l'esprit du législateur relativement à l'adoption du régime dotal, puisque le chapitre qui règle l'organisation de ce régime avait été voté avant la rédaction de l'art. 2208. Nous avons donc le droit de corroborer par ce texte notre interprétation de l'art. 818, et d'en conclure que le législateur savait bien ce qu'il faisait quand il exigeait, conformément aux traditions de l'ancien droit, le concours de la femme et du mari pour diriger ou soutenir les actions en partage intéressant la dot, de même que pour répondre aux poursuites en expropriation de l'immeuble dotal.

225. La défense d'aliéner ne s'applique pas seulement aux aliénations intégrales, mais aussi à celles qui n'enlèvent qu'un démembrement de la propriété. Ainsi l'immeuble dotal ne saurait être grevé d'usage, d'usufruit, d'emphytéose, de servitude ni d'hypothèque (art. 1554, Code Napoléon, et art. 7, Code de commerce). Mais les actes interdits sont seulement ceux qui émanent de la volonté des époux. Ainsi l'immeuble dotal peut être exproprié pour cause d'utilité publique, et le mari n'est pas obligé de faire rendre un jugement d'expropriation ; il peut la consentir à l'amiable, et il n'est pas nécessaire que l'indemnité soit fixée par le jury (art. 13 et 25 de la loi du 3 mai 1841). Quelle que soit la protection que la loi accorde au fonds dotal, elle ne le place pas tellement en dehors du commerce, qu'il ne soit soumis aux nécessités d'un ordre public supérieur. Ainsi il est nécessaire qu'il se prête à l'établissement des servitudes qui dérivent

de la loi ou de la situation des lieux (art. 649, 685, 661) (1).

226. Les aliénations indirectes sont prohibées, aussi bien que les aliénations directes; c'est pourquoi, bien que la femme soit capable sous le régime dotal comme sous les autres de s'obliger avec l'autorisation du mari, ou de justice, les obligations qu'elle a contractées ne sont exécutoires que sur ses paraphernaux.

Toutefois ce principe n'est incontestable que pour les obligations dérivant des contrats, mais que décider à l'égard des obligations résultant des délits, quasi-délits, ou quasi-contrats de la femme?

227. En ce qui concerne les délits, ou quasi-délits, nous n'hésitons pas à admettre, conformément à l'ancienne jurisprudence, pour le créancier, la possibilité de saisir l'immeuble dotal (2). En effet, l'art. 1310 dispose que le mineur n'est point restituable contre les obligations résultant de son délit ou quasi-délit, comment pourrait-on admettre que la femme, sous le régime dotal, mérite plus de faveur que le mineur? Le principe d'inaliénabilité ne peut être pour la femme une protection contre ses délits, ni lui fournir le moyen de nuire impunément aux tiers (3). Nous pensons que

---

(1) La cour de Pau, arrêt du 11 août 1843, a jugé que l'enclave n'est une cause inévitable d'asservissement que dans le cas où le chemin réclamé sur le fonds dotal est le plus court. Sur le pourvoi, arrêt de rejet de la chambre civile du 20 juin 1847.

(2) Roussilhe, t. 1, n. 304 et 424.—Argout, *Institutions*, t. 2, p. 88.

(3) Cassation, 7 décembre 1846, 22 décembre 1855. — V. *Contra*, un arrêt de Montpellier, 1842, fortement motivé en sens contraire. De-

la condamnation à l'amende ou aux dommages-intérêts peut être poursuivie sur les biens dotaux. Mais, est-ce sur la pleine propriété ou sur la nue-propriété? Pas de difficulté quand le mari lui-même a été condamné comme co-auteur, complice ou civilement responsable, mais dans le cas contraire les anciens auteurs n'admettaient la possibilité de saisir la dot que sous la réserve des droits du mari ; c'est-à-dire pour la nue-propriété seulement, et c'est aussi dans ce sens que l'entendent la plupart des commentateurs du Code par argument de l'art. 1424 (1). Mais telle n'est pas la doctrine qui paraît destinée à prévaloir dans la pratique, et en effet si l'on fait exception à la règle, dans l'intérêt de ces créances, c'est sans doute pour que le dédommagement serve à quelque chose; or à quoi servirait au créancier un droit actuel sur la nue-propriété des biens dotaux, mais qu'il ne pourrait exercer utilement qu'après la dissolution du mariage? Aussi les derniers arrêts de la Cour de cassation ne font plus de réserve semblable (2).

228. Quant aux obligations qui résultent des quasi-contrats, nous pensons qu'elles n'atteignent pas les biens dotaux, car ici les tiers auraient pu se mettre en garde contre l'engagement qui résulte du fait de la femme;

villeneuve, t. 42, II, p. 253. — V. Pierre Odier, *Traité du contrat de mariage*, t. III, 1251 Conférez, *Dissertation*, dans la collection nouvelle de Devilleneuve, t. VII, première partie, page 464.

(1) Toullier, t. XIV, n. 347; Duranton, t. XV, n. 533; Benoît, t. II, nᵒˢ 254 et 255. Zachariæ, t. III, p. 583; Rouen, 12 janvier 1822; Nîmes, 28 août 1827; Limoges, 17 juin 1835.

(2) Voyez deux arrêts, l'un du 4 mars 1855, Devilleneuve, 45, I, page 153.

ils n'ont pas été, comme dans le cas de délit, dans l'impossibilité morale d'empêcher le fait dommageable. C'est ainsi que les dettes d'une succession que la femme aurait acceptée pendant le mariage ne pourraient être poursuivies sur les immeubles dotaux, à moins qu'elle n'eût constitué en dot tous ses biens présents et à venir (1). Mais puisque c'est uniquement par le motif qu'ordinairement les tiers ne peuvent prévenir ces sortes d'engagements, que nous déclarons en thèse générale les biens dotaux affranchis des effets des quasi-contrats, nous n'étendrons pas cet affranchissement à la dette des dépens, auxquels la femme aurait été condamnée, soit dans une instance relative à ses biens paraphernaux, soit dans une instance relative aux biens dotaux. En effet, la partie qui plaide avec la femme n'a pas pu ici empêcher cette espèce d'obligation *quasi ex contractu*, pas plus que le procès même à l'occasion duquel elle a eu lieu (2). S'il en était autrement, certaine de demeurer pendant toute la durée du mariage à l'abri de toute poursuite, parce que sa fortune ne consisterait qu'en biens dotaux, la femme ne craindrait pas d'intenter tous les jours les actions les plus téméraires, ou de résister avec entêtement aux demandes les mieux fondées; seulement le créancier ne pourrait selon nous poursuivre la pleine propriété qu'autant que le mari aurait

(1) Cassation, 3 janvier 1825; 28 février 1834 ; Duranton, t. **xv**, n. 533.

(2) Proudhon, *Usufruit*, n. 1779 et 1780.—Duranton, t. **xv**, n. 534. — V. *contra*, Troplong, t. **iv**, n. 3327. — Benoît, t. **i**, n. 208, Odier, n. 1250.

autorisé la femme à soutenir le procès. Mais l'avoué ou
tout autre mandataire, qui aurait fait des avances, ne
pourrait pas, pour les répéter, exercer une action récursoire sur les biens dotaux, car il n'était nullement
obligé de les faire. Tout au plus pourrait-on accorder
cette action à l'avoué d'une procédure en séparation
de biens, lorsque la demande a été accueillie, car les
frais dont il s'agit sont véritablement des frais conser-
vatoires de la dot (1).

229. Maintenant devons-nous admettre que si les
obligations nées des contrats ou des quasi-contrats de
la femme ne doivent pas s'exécuter sur l'immeuble
dotal pendant le mariage, du moins le droit des créanciers reprendra sa pleine efficacité une fois la dotalité
évanouie? L'inaliénabilité, dit-on, cesse avec le mariage,
la femme recouvre la pleine et libre disposition de ses
biens; or les engagements de la femme sont valables,
puisque, pendant le mariage même, ils peuvent être
exécutés sur les paraphernaux, et que chez nous le S.-C.
Velléien n'existe plus. Pourquoi dès lors ne pourraient-
ils pas être également exécutés sur les biens dotaux,
devenus aliénables ?

Nous n'hésitons pas avec la jurisprudence (2) et la
plupart des auteurs (3) à repousser cette opinion
comme contraire au texte et à l'esprit de l'art. 1554. Ce

____

(1) La jurisprudence est pourtant loin d'être fixée sur ce point. — Toulouse, 20 mars 1833. — Caen, 15 août 1837. — *Contra,* Agen, 24 mai
1833. Dalloz, 1830, deuxième partie, p. 111.

(2) Cassation, 26 août 1828. — 8 mars 1832. — 11 janvier 1831. —
24 août 1836. — 9 juin 1856.

(3) Duranton, t. xv, n. 530. — Tessier, *Dot.,* t. i, p. 320. — Za-

texte repousse toute aliénation directe ou indirecte; or le créancier prétend réaliser une aliénation indirecte accomplie par la femme pendant le mariage, donc l'art. 1554 suffit pour repousser cette prétention. Sans cela le vœu de la loi qui est de conserver à la femme, jusqu'à la dissolution du mariage, son immeuble dotal franc et libre de toutes dettes et charges serait complétement éludé, et l'on arriverait précisément au résultat que la loi a voulu prévenir en proscrivant toute hypothèque du fonds dotal. Un bien ne saurait être saisi et enlevé à son propriétaire en vertu d'un acte consenti au moment où ce bien était inaliénable, car le créancier, au moment où il l'est devenu, n'a pu acquérir sur ce bien aucun droit de gage exécutoire à une époque quelconque.

230. On a voulu distinguer entre la femme et ses héritiers (1). Cela nous paraît impossible, car les héritiers sont les continuateurs de la personne de la femme. Ce qui n'était pas exécutoire contre elle ne peut l'être contre eux. Mais, s'il faut accorder tous ces effets au principe d'inaliénabilité, il ne faut pas l'exagérer comme l'a fait un arrêt de Caen du 9 juillet 1840, d'après lequel, si une femme s'est constitué en dot tous ses biens présents et à venir, les engagements qu'elle a contractés valablement pendant le mariage ne peuvent s'exécuter sur les biens à elle échus après la dissolution, parce que ce sont des biens constitués en dot.

chariæ, t. iii, p. 582. Benoît, t. ii, n. 250. M. Duverger, cours de 1859. M. Frédéric Duranton, cours de 1860.

(1) Toulouse, 16 décembre 1846.

C'était là une erreur manifeste ; aussi cette décision a-t-elle été cassée par arrêt du 5 décembre 1842.

231. Les revenus de l'immeuble dotal sont-ils frappés de la même insaisissabilité ? Et d'abord, à l'égard des créanciers du mari, nous pensons qu'ils ne peuvent saisir que le superflu du revenu, et non ce qui est nécessaire aux besoins du ménage. En effet, le droit de jouissance du mari n'est pas un usufruit ordinaire qu'il puisse vendre ou hypothéquer ; c'est un accessoire de la puissance maritale, comme l'usufruit légal sur les biens des enfants mineurs est un accessoire de la puissance paternelle. Ces sortes de jouissances ont pour corrélatifs des charges que les usufruitiers ne peuvent pas se mettre dans l'impossibilité d'accomplir. A l'égard des créanciers de la femme il faut donner la même solution. En vain dit-on que ce qui est frappé d'inaliénabilité, c'est seulement la nue-propriété et non les revenus de l'immeuble dotal, puisqu'ils appartiennent au mari, et que dès lors la femme, valablement obligée avec l'autorisation du mari, a pu conférer à son créancier un droit de gage sur cette jouissance. La jurisprudence a repoussé avec raison cette argumentation et a maintenu l'insaisissabilité pour la portion nécessaire aux besoins de la famille, le but du régime dotal étant de lui fournir les revenus dont elle a besoin pour vivre. D'ailleurs, l'art. 1554 ne distingue pas, il dit les *immeubles*, ce qui comprend la jouissance comme la nue-propriété (1).

(1) Bordeaux, 10 avril 1845.

232. Après la séparation de biens, les pouvoirs et les droits du mari sur la dot passant à la femme, il semble qu'elle pourra disposer du superflu des revenus dotaux, et qu'il pourra être saisi par ses créanciers, cependant la Cour de cassation admet bien que la femme peut engager ce superflu par des obligations postérieures au jugement de séparation, mais elle refuse le droit de saisie aux créanciers qui auraient traité avec la femme, antérieurement à ce jugement; car, dit-on, à l'époque où la femme contractait, l'immeuble dotal était, quant à elle, inaliénable pour le fonds et pour le revenu; donc, api ès la séparation de biens, le créancier ne pourra pas saisir ce superflu que la femme n'a pu engager ni directement ni indirectement (1). Cette distinction nous paraît tout à fait arbitraire. Si la cour considère le superflu des revenus comme aliénable, elle doit nécessairement admettre qu'il est soumis, comme les paraphernaux, à l'action des créanciers de la femme (art. 2092).

Tout ce que nous venons de dire s'applique également aux dettes que contracterait la femme commerçante, à l'occasion de son négoce (Code de commerce, art. 7).

233. Une dernière conséquence de l'inaliénabilité des immeubles dotaux, c'est leur imprescriptibilité (1561).

Nous la traiterons dans notre dernière section ; no-

______

(1) Cassation, 4 novembre 1848, rejet, 12 août 1847, rejet, 13 janvier 1852.

tons seulement qu'il est aujourd'hui incontestable que l'inaliénabilité des immeubles dotaux persiste en cas de séparation de corps ou de biens, tandis qu'il en est autrement de l'imprescriptibilité (1).

SECTION II.

DES EXCEPTIONS AU PRINCIPE DE L'INALIÉNABILITÉ DU FONDS DOTAL.

234. Ces exceptions sont de deux natures différentes. Les unes sont plutôt une dérogation aux règles de la dotalité ordinaire qui, en vertu du principe de la liberté des conventions matrimoniales, consistent à modifier le principal caractère de la dotalité pour ne laisser subsister qu'un régime dotal imparfait ; les autres sont des exceptions directes et proprement dites, en vertu desquelles les immeubles de la femme peuvent être aliénés pour certaines causes particulières déterminées par la loi.

PREMIÈRE CLASSE. *Exceptions résultant de la convention.*

235. L'inaliénabilité est de la nature du régime dotal, mais elle n'est pas de son essence. L'article 1557

______

(1) Toullier et Delvincourt ont voulu combattre cette solution, en prétendant qu'à partir du jugement la séparation de biens était substituée au régime dotal, mais l'art 1563 ne renvoie aux art. 1443 et suivants qu'en ce qui concerne la poursuite, et comme la séparation de biens ne dissout pas le mariage, on reste toujours sous l'empire de l'art. 1554.

permet d'établir un régime dotal mitigé, dans lequel les immeubles dotaux resteront dans le commerce. La suppression du principe peut être plus ou moins complète. Les époux peuvent se réserver, purement et simplement, la faculté d'aliéner l'immeuble dotal ou bien assujettir l'aliénation à la condition d'emploi. Parlons d'abord de la faculté d'aliéner, stipulée sans restriction ni réserve.

236. Cette clause comprendrait toute espèce d'aliénation, soit à titre onéreux, soit à titre gratuit. Elle ferait disparaître l'imprescriptibilité en même temps que l'inaliénabilité. Peut-on stipuler non-seulement la faculté d'aliéner, mais encore la faculté d'hypothéquer? On l'a contesté. L'article 1554, qui pose la règle, défend deux choses : l'aliénation et l'hypothèque. L'article 1557 ne contient de dérogation que quant à l'aliénation; donc le principe prohibitif subsiste quant à l'hypothèque. Et cela, dit-on, est rationnel, car depuis la loi Julia, les législations ont toujours reconnu que l'hypothèque présente plus de danger que l'aliénation directe. Si l'on objecte le principe de la liberté des conventions matrimoniales, on y répond par l'article 1388 qui limite cette liberté par les dispositions prohibitives du Code (1). Nous n'adoptons pas cette opinion ; le mot aliéner, dans le sens ordinaire, comprend l'hypothèque aussi bien que les autres modes d'aliénation ; donc l'article 1557, en permettant de stipuler la faculté d'aliéner, permet, par cela même, la faculté

(1) Cassation, 16 août 1838, et 29 mai 1839.

d'hypothéquer. L'article 7 du Code de commerce corrobore cette interprétation, puisqu'il suppose qu'il y a dans le Code des cas d'exception à la double prohibition des articles 1554.

Dans le système contraire, ce ne serait pas seulement à la volonté privée des époux que la faculté d'hypothéquer serait refusée, ce serait aussi à l'autorité judiciaire qui ne pourrait jamais autoriser un emprunt hypothécaire souvent bien plus favorable aux intérêts de la famille qu'une aliénation (1). L'argument tiré de l'article 1388 n'est qu'une pétition de principe, car la question est justement de savoir si l'article 1554 contient une prohibition à laquelle on ne puisse pas se soustraire ou si l'article 1557 permet de s'y soustraire.

237. Cette question préjudicielle résolue, se présente celle de savoir si, en stipulant la faculté d'aliéner l'immeuble dotal, les époux se sont, par cela même, réservé la faculté de l'hypothéquer.

La question partage les auteurs les plus recommandables, et si la Cour de cassation la décide toujours négativement, beaucoup d'arrêts cependant tiennent pour l'affirmative. C'est également vers cette solution que nous inclinons. Nous avons admis que, dans l'article 1557, le mot aliéner est pris dans un sens large, comprenant l'hypothèque; il nous semble naturel d'en conclure que les époux qui se sont référés à cet article doivent l'avoir pris avec le même sens dans leur contrat de mariage. Sans doute, l'hypothèque peut quel-

(1) Cassation, rejet, 7 juillet 1840.

quefois présenter des dangers plus graves que l'aliénation ; mais il est aussi bien des circonstances dans
lesquelles il sera plus avantageux d'emprunter que de
vendre.

238. La stipulation de la faculté d'aliéner emporte-
t-elle le pouvoir de compromettre ? La négative est
soutenue par argument des articles 1989 du C. Nap. et
83 du Code de procédure ; mais l'article 83 n'a en vue
que la partie de la dot soumise à l'inaliénabilité ; et
quant à l'argument tiré de l'article 1989, il n'est aucu-
nement concluant. Il parle d'un simple mandataire qui,
chargé seulement de transiger, n'a, dès lors, aucun
pouvoir pour compromettre. Mais pourquoi la réserve
de la faculté d'aliéner s'interpréterait-elle avec la même
restriction ?

239. Passons maintenant aux cas où l'aliénation n'est
permise que sous la condition de remploi. Dans cette
hypothèse, la prohibition d'aliéner n'est enlevée qu'à
certaines conditions; il est clair que si elles ne sont
pas remplies, l'immeuble est resté inaliénable.

L'acquéreur devra donc garder le prix de l'immeuble
entre ses mains, jusqu'à ce qu'un remploi bon et valable soit effectué. Il serait responsable, non-seulement du
défaut de remploi, mais de son inutilité ou de son insuffisance ; et comme il est souvent très-difficile de connaître les charges réelles qui grèvent un immeuble, l'acquéreur agira prudemment en ne payant son prix que
sur un jugement qui déclare l'emploi bon et valable.

240. Toutefois, la responsabilité des tiers acquéreurs
n'existerait plus, si l'aliénation, au lieu d'émaner de

l'initiative des époux, était amenée par des circonstances indépendantes de leur volonté. Ainsi, l'adjudicataire d'un immeuble, exproprié pour cause d'utilité publique, n'est pas tenu de garantir le remploi, quand même il aurait été expressément stipulé dans le contrat de mariage. La loi du 3 mai 1841 a pourvu aux intérêts de la femme en permettant au tribunal d'ordonner les mesures qu'il croit nécessaires pour la conservation et le remploi de la dot (1). L'immeuble acquis en remploi devient lui-même inaliénable, d'après la maxime *subrogatum capit naturam subrogati.*

DEUXIÈME CLASSE. *Exceptions établies par la loi.*

241. On peut les diviser en deux catégories indiquées dans les art. 1555 et 1556 d'une part, 1558 et 1559 de l'autre. Dans la première, l'aliénation peut se faire par la seule volonté des époux; dans la seconde, elle n'est possible qu'avec l'autorisation de justice et aux enchères.

242. *Première catégorie.* — Art. 1555 : « Les biens « dotaux peuvent être aliénés pour l'établissement des « enfants; mais la loi prévoit deux cas différents. »

S'il s'agit d'un enfant d'un premier lit, l'autorisation de justice peut remplacer celle du mari; il ne fallait pas que cet enfant fût privé de tout moyen d'établissement par la mauvaise volonté d'un beau-père, seulement le mari ne pouvant être dépouillé malgré lui d'un droit

______
(1) Rouen, 23 juillet 1845.

qui lui appartient, la donation ne sera que de la nue-
propriété,

S'agit-il, au contraire, de l'établissement des enfants
communs, la justice ne peut pas intervenir. Le législateur, plein de confiance dans la sollicitude du père de
famille, présume que son refus ne peut être basé que
sur de justes raisons (1).

243. Par enfants, il faut entendre *lato sensu* tous les
descendants (2) de la femme, et il n'est pas nécessaire,
pour que le petit-fils puisse être ainsi doté, que l'enfant
du degré intermédiaire soit prédécédé.

Il faut entendre par établissement non-seulement un
mariage, mais tout ce qui peut procurer à l'enfant une
position propre à assurer son avenir (art. 204). Nous
prenons aussi le mot donner dans un sens large, et nous
pensons que la mère peut vendre l'immeuble dotal pour
en donner le prix ou l'hypothéquer pour procurer à
l'enfant un établissement. La question est cependant
controversée. La vente et la constitution d'hypothèque
sont, dit-on, plus dangereuses pour la famille que la
donation ; car, si la femme donne son immeuble dotal,
et que, plus tard, les autres enfants ne trouvent pas de
quoi parfaire leur réserve, ils auront une action en réduction contre les tiers acquéreurs à qui l'enfant aurait
aliéné l'immeuble (art. 930). D'ailleurs les exceptions
sont *strictissimi interpretationis* (3). Cette solution

---

(1) V. cependant Duranton, tome xv, nº 497 ; Toullier, t. v, p. 285.
(2) V. Digeste, ff 220, *De verborum significatione* (liv. L, tit. xvi).
(3) Amiens, 1ᵉʳ août 1840.

nous paraît trop contraire à l'esprit de la loi pour pouvoir être admise. En autorisant la donation, elle a voulu faire prévaloir l'intérêt de l'établissement sur l'intérêt de la conservation de la dot.

L'art. 930 est en dehors de la question. Le législateur ne se préoccupe ici de la condition des biens dotaux que pendant la vie de la mère; on ne peut résoudre une question de dotalité par une considération tirée d'un intérêt de réserve (1).

244. Enfin nous pensons par les mêmes motifs que la femme pourrait cautionner sur ses biens dotaux la dot promise par le mari (2).

245. *Deuxième catégorie.*— *Aliénations qui ne sont valables que sous l'autorisation préalable de la justice.* Ici les collusions entre époux pour violer les règles de la dotalité sont plus à craindre que dans le cas précédent; la justice doit donc intervenir pour s'assurer de la réalité et de la gravité du motif; encore l'aliénation n'aura-t-elle lieu qu'avec certaines formalités (3).

246. L'aliénation est permise : 1° *pour tirer de prison le mari ou la femme.* Cette exception est fondée sur un motif d'humanité et sur la considération des intérêts du ménage. La loi ne distingue pas, comme autrefois certaines coutumes, si l'emprisonnement a eu lieu pour une cause civile ou pour une cause criminelle. Ce sera aux tribunaux à peser les raisons qui ont fait incar-

(1) Cassation, 1er avril 1845. — 8 janvier 1855.

(2) V. cependant dans le sens de la négative un arrêt de Limoges du 6 janvier 1841.

(3) V. art. 997, Code de procédure, et 1558, Code Napoléon.

cérer le mari. Mais il ne suffirait pas d'un emprisonnement imminent, l'incarcération réelle est nécessaire. Ce système tend à prévenir des pratiques frauduleuses déjà trop communes même avec les termes rigoureux de la loi (1). Le consentement de la femme est ici nécessaire, car la loi ne lui impose pas le sacrifice de sa fortune, tandis que s'il s'agit de la liberté de la femme, le refus du mari ne saurait empêcher l'aliénation de la dot, sous la réserve bien entendu de son droit de jouissance (art. 1424 par analogie). Au reste quand la femme aura vendu l'immeuble dotal pour tirer le mari de prison, l'équité exige que celui-ci l'indemnise s'il revient à meilleure fortune (2).

247. 2° *Pour fournir des aliments à la famille* dans les cas prévus par les art. 203, 205 et 206 au titre du mariage, ce qui comprend *a fortiori* les aliments à fournir aux époux eux-mêmes.

248. Dans le cas où il s'agit d'aliments déjà fournis et consommés, le créancier peut-il *de plano* saisir l'immeuble dotal? Ou plutôt la justice peut-elle autoriser cette saisie? Nous le pensons, pourvu que la dette ait bien le caractère alimentaire, et que ce soit un impérieux besoin qui ait forcé la femme à devancer l'autorisation de la justice (3). Si la femme ne pouvait être autorisée à vendre que pour cause de besoin passé, elle se verrait privée de tout crédit et dans l'impossibilité de pourvoir

(1) Pothier, *Puissance maritale*, n° 38. — Merlin, *Dot*, § 8. — Duranton, tome xv, n° 509. — Tessier, tome i, n° 73.
(2) Conférez art. 541 *de la coutume de Normandie.*
(3) *Contra*, Nîmes, 22 avril 1856.

à sa subsistance et à celle de sa famille, tant que dure-
rait l'instance. Si c'est par suite de l'impuissance du
mari à subvenir aux charges qu'on a été forcé de
vendre le fonds dotal, nous admettons le recours de la
femme contre le mari redevenu solvable. En vain dit-
on qu'elle devait les aliments quand le mari n'a rien, et
qu'elle a payé sa propre dette. Elle n'était obligée aux
charges du mariage que d'une façon subsidiaire.

249. 3° *Pour payer les dettes de la femme ou du
constituant lorsqu'elles ont une date antérieure au
contrat de mariage.* Cette exception remonte aux
lois 73 et 85, *De jure dotium.* Notre ancienne jurisprudence l'admit également. Comme c'est aux époux
que s'adresse la prohibition d'aliéner de l'art. 1554,
c'est à eux aussi que s'adresse l'exception qui nous oc-
cupe. Cette remarque est importante pour écarter une
interprétation inexacte de l'art. 1558 qui d'après certains auteurs réglerait le droit des créanciers à l'encon-
tre du fonds dotal, et leur permettrait de saisir l'immeuble avec la permission de justice et les formalités dont
nous avons parlé (1). C'est complétement détourner
l'art. 1558 de son hypothèse. Les principes généraux
veulent que les créanciers de la femme et des constituants
dont les droits ont date certaine, et qui agissent en vertu
d'actes exécutoires, puissent saisir sans avoir aucune
autorisation à demander au tribunal.

250. Pour mettre plus de méthode dans cette matière,

_____

(1) Toullier, 14, no 207. Duranton, tome xv, n° 515.

étudions d'abord les droits des créanciers de la femme, ensuite ceux des créanciers du constituant.

251. A. *Droits des créanciers de la femme.* Ces droits doivent être examinés à l'égard de l'immeuble que la femme s'est constitués en dot et ensuite à l'égard de l'immeuble donné à la femme. A l'égard de l'immeuble qu'elle s'est constitué en dot, si le créancier dont il s'agit avait une hypothèque, il peut saisir en vertu de l'art. 2166. Le droit de saisie existe également quand la constitution de dot a eu lieu à titre universel, car cette universalité est devenue dotale, telle qu'elle se comportait, c'est-à-dire avec les charges qui la grevaient, et le mari, comme tout usufruitier universel ou à titre universel, doit supporter la déduction des dettes (articles 1562 et 612) (1).

252. Mais que décider si la dot est *in re singulari ?* Pas de difficulté si c'est frauduleusement que la femme a fait passer dans son patrimoine insaisissable une portion de son patrimoine disponible; les créanciers ,en vertu de l'art. 1167, et à la condition d'établir la collusion du mari, pourront encore saisir les biens dotaux.

253. Mais que décider en dehors du cas de fraude? Selon nous, le créancier ne peut alors saisir ni la nue-propriété ni la jouissance. En vain soutient-on quant à la nue-propriété qu'elle n'est pas sortie du patrimoine de la femme, et que celle-ci a seulement aliéné l'usufruit au profit du mari. Le propriétaire peut faire de sa chose ce qui lui convient; la femme en apportant en dot cet

____

(1) Conférez, ff 9, *De verb. signif.*, et ff 72, *De jure dotium.*

immeuble n'en a pas seulement aliéné la jouissance, elle l'a fait passer de la partie saisissable de son patrimoine dans la partie insaisissable. Sans doute c'était une partie du gage du créancier, mais s'il ne peut pas prouver la fraude, il faut qu'il respecte cet acte fait par la femme dans l'exercice de son droit de propriété.

254. A l'égard de l'immeuble donné à la femme par contrat de mariage, nous n'admettons pas non plus qu'il puisse être saisi par le créancier antérieur au contrat de mariage, car le donateur a pu apposer à sa donation la condition qu'il voulait. Or il a donné virtuellement avec la condition que l'immeuble serait inaliénable et insaisissable.

255. Notre article ne parle que des dettes ayant acquis date certaine antérieurement au contrat de mariage; que décider à l'égard des dettes contractées dans l'intervalle qui s'écoule entre le contrat de mariage et la célébration ?

Quelques auteurs, s'attachant à la lettre de l'art. 1558, veulent que le titre ait une dette antérieure au contrat de mariage pour que la justice puisse autoriser l'aliénation.

Permettre l'aliénation de la dot pour le paiement des dettes dans l'intervalle des deux contrats, ce serait tromper les prévisions de la famille et annihiler les avantages que la constitution dotale promettait au mari (1). Mais quel est le motif de la loi ? La crainte que

______

(1) Duranton, tome XV, n° 514. — Rodier et Pont, tome II, 515 Troplong n° 3468.

les époux n'arrivent indirectement à aliéner leur immeuble dotal en surprenant la bonne foi du juge au moyen de dettes simulées. Or, tant que le mariage n'est pas célébré, la femme est capable de contracter.

Ne serait-il pas complétement inique de repousser ce créancier qui a traité avec une femme non mariée et qui ne pouvait pas deviner que cette femme avait fait un contrat de mariage? Or, si on reconnaît à ce créancier le droit de saisie, la justice peut donc autoriser la vente, car il vaut mieux prévenir la saisie que de la subir.

La rédaction de l'art. 1558 se reproduit dans l'article 2194 qui se sert également du mot contrat de mariage pour déterminer la date de l'hypothèque légale de la femme. Enfin l'art. 1410 fournit un argument d'analogie, en donnant au créancier le droit de poursuivre la communauté pour toute dette de la femme ayant date certaine antérieure au mariage (1).

256. La jurisprudence admet une exception à la présomption légale *juris et de jure*, en vertu de laquelle aucune autre preuve que celle de l'art. 1328 n'est admise pour établir l'antériorité des dettes. Elle décide que les obligations contractées par la femme commerçante pour les besoins de son commerce, si elles sont sincères et que la preuve de leur antériorité soit acquise d'une manière quelconque, pourront s'exécuter sur les biens dotaux, quoique n'ayant pas date certaine (2).

(1) M. Duverger, cours de 1859, M. Frédéric Duranton, cours de 1860.
(2) Rouen, 30 août 1828. — Cassation, 1er décembre 1830.

257. Les créances *ex delicto mulieris*, nées pendant le mariage, permettent de saisir la nue-propriété des biens dotaux. Le même droit appartient aux créanciers héréditaires de successions échues à la femme et tombées en dot en vertu d'une constitution de biens présents et à venir.

258. B. *Créanciers des constituants.* — Ils pourront agir sans difficulté : 1° s'il y a eu une constitution dotale universelle ; 2° si l'immeuble était hypothéqué ; 3° si la constitution de dot *in re singulari* a été faite en fraude des droits des créanciers. Seulement la constitution de dot est, selon nous, même pour la femme, un titre onéreux ; en conséquence, les créanciers qui voudraient agir sur la pleine propriété devraient prouver à la fois la fraude de la femme et la collusion du mari. En dehors de ces cas, le créancier ne peut pas poursuivre l'immeuble sorti sans fraude du patrimoine de son débiteur.

259. Mais la question est de savoir si le fonds dotal peut être aliéné pour payer des créanciers n'ayant pas le droit de saisie, ou s'il ne peut l'être que pour prévenir une expropriation. Pour soutenir cette dernière opinion, on peut dire que l'art. 1558 a seulement eu en vue de permettre aux époux de devancer les poursuites des créanciers et de ne pas attendre les dangers et les frais qu'entraîne une expropriation forcée ; mais quand il s'agit des créanciers qui n'ont pas de droit de saisie, le paiement des dettes ne peut pas être un acte utile, ce n'est qu'un acte de délicatesse pour lequel la loi n'a pas entendu permettre l'aliénation du fonds dotal. S'il en était autrement, pourquoi aurait-on distingué entre les dettes du donateur qui ont date certaine antérieure au mariage et celles qui n'en ont pas (1)?

Nous ne pouvons nous ranger à cette opinion ; l'article 1558 est général ; il n'exige que deux conditions : 1° qu'il s'agisse des dettes de la femme ou du constituant ; 2° qu'elles aient une date certaine antérieure au mariage. C'est donc aller au-delà de la loi que de n'admettre la possibilité d'une aliénation que pour désintéresser des créanciers ayant droit de saisie. L'article a voulu donner satisfaction à des intérêts moraux ; il est possible, d'ailleurs, que l'intérêt de la femme exige, même dans ce cas, que la vente soit permise ; car si les dettes produisent des intérêts bien supérieurs aux revenus de l'immeuble, leur accumulation amènerait la ruine de la femme au bout d'un temps déterminé (2).

4° *Pour faire de grosses réparations indispensables pour la conservation de l'immeuble dotal* (3).

260. Cette exception se justifie d'elle-même ; il vaut mieux abandonner une partie de la dot et sauver le surplus. On doit assimiler aux grosses réparations toutes les dépenses indispensables pour la conservation de la dot. Telles seraient les dépenses nécessaires pour la réussite d'un procès (4).

---

(1) M. Frédéric Duranton, cours de 1860.
(2) M. Duverger, cours de 1859.
(3) Conférez, art. 606, Code Napoléon.
(4) Rodier et Pont, tome ii, n° 521.

5° Lorsque l'immeublé dotal se trouve indivis avec un tiers et qu'il est reconnu impartageable.

261. Cette cause est fondée, comme celles que nous venons de parcourir, sur une nécessité indépendante de la volonté des époux. Il importe à l'ordre public que nul ne demeure malgré lui dans l'indivision (article 815).

262. Le tribunal doit ordonner la licitation, par cela seul qu'elle est provoquée ; quand même la demande émanerait des époux, il n'intervient que pour examiner si l'immeuble est réellement impartageable ; car si le partage en nature est impossible, l'intervention de la justice n'est pas, selon nous, nécessaire (1). On objecte, il est vrai, que le partage en nature est une véritable aliénation : sans doute, mais elle n'est pas volontaire. Elle est imposée à la femme par une nécessité d'ordre public tellement évidente qu'elle n'a pas besoin d'être constatée par le juge, et l'art. 1558 n'exigeant l'intervention de la justice que pour le cas où l'immeuble dotal est reconnu impartageable, on doit en conclure que, dans le cas contraire, nous rentrons dans le droit commun, qui permet aux copropriétaires majeurs de procéder en justice, de leur propre consentement, au partage de leurs biens (2).

263. L'impossibilité d'un partage en nature étant constatée, il peut arriver que l'immeuble soit adjugé en totalité à la femme ou à son copropriétaire, ou

____

(1) Duranton, tome xv, n° 396.
(2) Cassation, 29 janvier 1858.

même au mari. Si la femme est adjudicataire de l'immeuble, il n'y aura de dotal que la part indivise dont elle était propriétaire avant la licitation, à moins qu'elle ne se fût constitué en dot tous ses biens présents et à venir. Quant au reste, la portion qui arrive à la femme par un titre nouveau, est paraphernale. Décider autrement, ce serait augmenter la dot, contrairement à l'article 1543 (1).

264. Si le mari s'est rendu seul et en son nom personnel adjudicataire de l'immeuble, nous pensons que la femme aura, à la dissolution du mariage, le droit d'option, conféré par l'art. 1408 à la femme mariée en communauté (2).

265. Enfin, si l'immeuble indivis a été adjugé à l'un des copropriétaires ou à un tiers, la femme vient prendre sa part dans le prix. Cette part est dotale, elle est substituée à la portion qu'avait la femme dans l'immeuble, et prend le caractère de dotalité qu'avait celle-ci.

266. Le dernier alinéa de l'art. 1558 porte : « *Dans* « *tous ces cas l'excédant du prix de la vente, au-des-* « *sus des besoins connus, restera dotal, et il en sera* « *fait emploi comme tel au profit de la femme.* »

Il est évident que si le remploi est nécessaire pour le simple excédant du prix, il le sera, *a fortiori*, lorsqu'il s'agira du prix en entier. Le texte de l'art. 1558 porte avec lui la preuve de ce que nous avançons, puisque

(1) V. ff 78, *De jure dotium.*
(2) Rodier et Pont, tome II, n° 643.

l'alinéa où le remploi est ordonné est le dernier de l'article, et qu'il est conçu en termes généraux (1).

267. 6° L'art. 1559, *en permettant l'échange de l'im-meuble dotal, est la dernière exception, mentionnée dans le Code, au principe d'inaliénabilité.* C'est sur le vœu du Tribunat que cette disposition fut admise (2).

268. Quatre conditions sont requises pour que l'im-meuble dotal puisse être échangé avec l'autorisation de justice.

269. *a. Le consentement des deux époux.* La loi ne parle, il est vrai, que du consentement de la femme, mais elle suppose que l'échange est demandé par le mari, seul chargé de l'administration de la dot (3).

270. *b. Il faut que l'échange soit utile aux deux époux.* La loi n'exige pas, comme dans le cas de vente, qu'il y ait nécessité, l'avantage de l'échange est en effet in-contestable dans certaines circonstances; soit parce que les immeubles des époux sont situés loin de leur résidence, soit parce que ce sont des biens de pur agré-ment, que leur position de fortune ne leur permet pas de conserver.

271. *c. Il faut que l'immeuble dotal soit échangé con-tre un autre d'une valeur au moins égale pour les 4/5 à celle de l'immeuble échangé.* La loi n'a pas statué sur le cas où la valeur du fonds acquis en contre-échange serait supérieure à celle du fonds dotal; par exemple

---

(1) *Contra*, Tessier, tome ɪ, n₀ 48.
(2) Fenet, tome xɪɪɪ, p. 618.
(3) Toullier, p. 615, n° 223.

le fonds dotal est de 80,000 fr. et l'immeuble acquis en contre-échange de 100,000 fr. Il est évident que l'échange peut être permis dans ce cas, quand la justice pensera qu'il y a avantage. Seulement, comme aux termes de l'art. 1547 la dot ne peut être augmentée pendant le mariage, l'immeuble ne sera dotal que jusqu'à concurrence des 80,000 fr. , et il sera saisissable pour le surplus , sans cela il serait trop facile à la femme de soustraire à ses créanciers légitimes tout ou partie de ses biens paraphernaux.

272. d. *Il faut une estimation par experts, nommés d'office par le tribunal* (art. 363 du Code de procédure). L'expertise ne doit pas être confiée à des experts nommés par les époux, qui auraient pu céder facilement aux désirs de ceux-ci. La soulte payée suivant les cas, pour parfaire la valeur de l'immeuble échangé, est dotale, et comme telle soumise au remploi. Nul doute que dans les différents cas prévus dans les art. 1558 et 1559, le défaut de remploi de l'excédant du prix de vente au-dessus des besoins reconnus, ou de la soulte provenant de l'échange, n'autorisât la femme à demander de nouveau le paiement du même excédant ou de la soulte non employée ; mais l'inutilité de cet emploi pourrait-elle servir de fondement à une action en nullité des aliénations qui auraient été faites dans les mêmes hypothèses ? Quelques auteurs se prononcent pour l'affirmative (1), et décident que la femme peut

---

(1) Dalloz, *Jurisprudence générale*, t. x. — Tessier, *Dot*, t. i, p. 237.

revendiquer son immeuble dotal indûment aliéné. Nous ne saurions admettre ce système, la lecture attentive des art. 1558 et 1559 démontre que le défaut de remploi ne peut réagir sur l'aliénation légalement consommée. Ainsi, dans le cas de l'art. 1558, les seules conditions irritantes de la validité de l'aliénation sont : la permission de la justice ; la concurrence et la publicité résultant des enchères. Si l'excédant du prix de vente n'est pas remployé, l'aliénation n'en reste pas moins régulière, l'obligation de faire le remploi n'ayant commencé que lorsque l'aliénation était déjà parfaite (1).

273. La loi n'a pas formellement sanctionné par la publicité des aliénations l'omission des formalités qu'elle prescrit (art. 999, Code de procédure). Cependant, il n'est pas douteux qu'elle ne dût être prononcée, si les irrégularités commises pouvaient être considérées comme des nullités substantielles, par exemple, si les époux n'avaient pas demandé l'autorisation d'aliéner, ou si l'on avait supprimé les mesures de publicité destinées à attirer les enchérisseurs, et à favoriser leur concurrence ; mais les tiers qui ont traité avec la femme relativement aux biens dotaux sont-ils à l'abri de toute action de sa part ? Et, d'abord, nous pensons que la femme n'a point à revenir sur les adjudications consommées de ses biens dotaux avec l'autorisation de justice, le principe de l'inaliénabilité dotale ne pouvant prévaloir contre la stabilité des ventes judiciaires ; mais la question peut s'élever à l'égard des tiers auxquels la

____

(1) Benech, *De l'emploi et du remploi de la dot.*

femme aurait emprunté hypothécairement, à la suite
d'une autorisation donnée à cet effet, et qu'elle préten-
drait dénuée de fondement. Nous admettons, sur ce
point, la distinction proposée par M. Troplong (1). Si
la femme se bornait à alléguer l'inexactitude du fait
qui aurait servi de base à l'autorisation d'emprunter,
et qui rentrerait, d'ailleurs, dans les hypothèses pré-
vues par l'art. 1558, le jugement d'autorisation ne saurait être critiqué. Il n'y aurait plus moyen de contracter avec la femme, si le tiers qui lui a prêté son argent
voyait mettre en question des faits qu'il n'a pu vérifier,
et qu'il a dû tenir pour avérés sur la déclaration du tribunal (2). La femme conserverait seulement son recours contre les auteurs ou complices des manœuvres
qui auraient lésé ses intérêts (3). Mais si l'autorisation
est intervenue dans un cas où l'inaliénabilité de la dot
n'avait pas reçu d'exception légale, le tribunal, en se
plaçant ouvertement en dehors des conditions de
l'art. 1558, a violé une règle d'ordre public, et les tiers
n'ont pas agi prudemment en aventurant leurs deniers
entre les mains de la femme, sans consulter le titre sur
lequel elle s'appuyait pour emprunter, et dont la lecture aurait pu leur faire reconnaître l'erreur de la
justice.

Troisième classe. *Exceptions non expressément établies
par la loi.*

274. Il est certaines exceptions qui, bien que non

(1) V. *Contrat de mariage*, t. ix, n° 3493.
(2) Cassation, 17 mars 1847; — Devilleneuve, 1847, i, 576.
(3) Troplong, l. c., n° 3440.

écrites dans le Code, sont commandées par la nature même des choses. Si favorable que soit la conservation du fonds dotal, toutes les considérations d'intérêt privé doivent fléchir devant l'intérêt général de la société.

Ainsi, 1° le fonds dotal, comme tout autre immeuble, peut être exproprié pour cause d'utilité publique (loi du 3 mai 1841, art. 17 et 25) ; 2° le voisin de l'immeuble dotal, si c'est un édifice, peut acquérir la mitoyenneté du mur qui joint sa mitoyenneté (art. 661), ou acquérir sur le fonds un passage en cas d'enclave (art. 682), ou une servitude d'irrigation (loi du 20 avril 1845) ; enfin, nous avons vu que l'inaliénabilité du fonds dotal souffre exception à l'égard des obligations résultant des délits et quasi-délits de la femme, et aussi à l'égard des dépens des contestations soutenues par elle, dans lesquelles elle a succombé.

275. Une dernière exception au principe de l'inaliénabilité résulte de l'art. 728 du Code de procédure, remplaçant l'art. 723 du même Code, modifié par la lo du 2 juin 1841 sur les ventes judiciaires.

Un immeuble dotal a été exproprié en dehors des cas prévus par l'art. 1558 du Code Nap., par exemple, dans la saisie, fait par les créanciers, de plusieurs immeubles paraphernaux. Un immeuble frappé de dotalité s'est trouvé mal à propos compris ; or, on sait qu'en matière de saisie immobilière, les moyens de nullité, tant en la forme qu'au fond, contre la procédure qui précède la publication du cahier des charges, doivent être proposés, à peine de déchéance, trois jours au plus tard avant cette publication.

Si la femme n'a pas revendiqué son immeuble dotal dans le délai prescrit, est-elle irrévocablement déchue de son privilége, ou faut-il affranchir l'action en nullité dérivant de la dotalité des conditions exigées par l'art 728?

Nous ne le pensons pas. A part l'argument de texte péremptoire que fournit cet article, il est une considération décisive; c'est que l'irrévocabilité des ventes judiciaires intéresse beaucoup plus directement l'ordre public que la conservation de la dot (1). Mais pour que le jugement d'adjudication soit opposable à la femme, il faut que les poursuites aient été dirigées contre elle, et qu'elle ait été personnellement engagée en qualité de partie saisie dans la procédure en expropriation. Si l'immeuble dotal n'avait été compris qu'à son insu dans l'adjudication, le jugement qui l'aurait prononcé serait pour elle *res inter alios acta*, et elle pourrait toujours le repousser par voie de simple exception.

SECTION III.

SANCTION DU PRINCIPE DE L'INALIÉNABILITÉ, ET IMPRESCRIPTIBILITÉ DU FONDS DOTAL.

276. Nous divisons cette section en deux parties. Nous traiterons dans la première de la sanction de l'inaliénabilité du fonds dotal, et dans la deuxième de l'imprescriptibilité du fonds dotal.

______

(1) Cassation, 5 mai 1846.— 30 avril 1850.

PREMIÈRE PARTIE.

Sanction du principe d'inaliénabilité.

277. L'inaliénabilité de l'immeuble dotal est garantie par toutes les sanctions que la loi a organisées pour assurer la conservation et la restitution de la dot, et en particulier par l'hypothèque légale de la femme. Mais nous n'avons ici en vue que la sanction de nullité qui frappe spécialement les aliénations de l'immeuble dotal, faites en dehors des cas d'exceptions que nous avons passés en revue. Cette nullité est consacrée par l'article 1560. Cet article contient cinq propositions : 1° la nullité de l'aliénation peut être demandée, après la dissolution du mariage, par la femme ou ses héritiers ; 2° par la femme après la séparation de biens ; 3° par le mari pendant le mariage, jusqu'à la séparation de biens ; 4° la prescription ne court pas contre la femme ou ses héritiers pendant le mariage ; 5° le mari qui, lors de la vente, n'a pas déclaré la dotalité de l'immeuble, demeure sujet aux dommages-intérêts de l'acheteur.

278. Il s'agit d'examiner d'après cet article, dans un premier paragraphe, quel est le caractère de cette nullité ; dans un deuxième, par qui elle peut être invoquée ; dans un troisième, contre qui peut recourir l'acquéreur évincé ; dans un quatrième, les effets de la nullité lorsqu'elle est obtenue.

279. §1. *Quel est le caractère de la nullité prononcée par l'art. 1560?*

Est-ce une nullité relative, ou une nullité absolue,

non susceptible de ratification et invocable par tous les intéressés? En principe général toutes les nullités sont absolues, et pour qu'une nullité soit relative, il faut que la loi ait expressément restreint à certaines personnes le droit de la demander, ou que cette restriction résulte implicitement des circonstances. D'après les termes de l'art. 1560, la nullité nous apparaît avec un caractère relatif. La lecture attentive de cet article démontre en effet que l'acquéreur est exclu du droit de l'opposer. Tel était déjà le principe de l'ancien droit, et tel est l'esprit des décisions que le législateur a édictées dans des hypothèses analogues. La nullité qui protége le mineur, l'interdit, la femme mariée, est une nullité relative, et qui ne peut être invoquée que par la personne même que la loi a voulu protéger. Or, la femme est frappée d'une incapacité partielle ; l'article 1560 organise une protection en sa faveur; donc par analogie des articles 217 à 226, nous devons conclure que c'est une nullité relative qu'il a en vue. Ce système est confirmé par l'étude des travaux préparatoires. La première rédaction de l'art. 1560 portait qu'en cas d'aliénation du fonds dotal l'aliénation serait radicalement nulle, et ces mots furent supprimés sur les observations du Tribunat, pour prévenir les difficultés que pourraient faire naître leur interprétation (1).

(1) Cassation, 31 mars 1831 ; 4 juillet 1849.
Séance du 4 brumaire an XII. Locré, *Législation civile*, t. XIII, p. 232, n. 14. — Idem, *Observations du Tribunat sur l'art.* 169 *du projet*, p. 259, n° 16.

280. Ce système, s'il est fondé, entraîne les conséquences suivantes. 1° L'action en révocation ne dure que dix ans; 2° elle n'appartient qu'à la femme ouàses représentants; 3° le vice peut disparaître par la ratification expresse ou tacite (art. 1338). Sans doute, elle ne pourra avoir lieu pendant le mariage, car la ratification ne peut valablement avoir lieu du chef des parties que lorsque la cause d'incapacité qui les grevait a pris fin, mais elle sera possible après la dissolution du mariage, lorsque l'inaliénabilité du fonds dotal n'existera plus.

Mais elle ne pourrait avoir lieu après la séparation de biens ; toutefois la ratification faite par la femme dans son testament serait valable, le testament n'ayant de force qu'à la mort de la femme, c'est-à-dire à une époque où l'inaliénabilité aura cessé (1).

4° L'obligation pourra être cautionnée, car on peut cautionner une dette annulable. Cette théorie ne fait pas de difficulté pour nous, dans le cas où l'aliénation émane de la femme seule, ou de la femme autorisée du mari, ou de la femme avec autorisation de justice, obtenue par surprise, ou des deux époux conjointement, car, dans le premier cas, la cause de la nullité, c'est le défaut d'autorisation, c'est-à-dire l'incapacité de la femme, et dans les autres, c'est la dotalité de l'immeuble, c'est-à-dire encore l'incapacité de la femme avec l'extension que lui donne l'adoption du régime dotal.

281. Mais que décider dans le cas où l'aliénation émane

____

(1) Tessier, t. II, p. 15. — Bordeaux, 20 décembre 1832 ; Riom, 2 avril 1857.

du mari seul? Cette hypothèse se subdivise. Le mari peut avoir aliéné le fonds dotal en le présentant comme bien de la femme, ou en le présentant comme sien. Dans ce dernier cas, nous n'hésitons pas encore à admettre la nullité relative avec ses conséquences, car on peut considérer le mari comme s'étant porté fort de la ratification de la femme, de telle sorte que s'il s'agissait d'un paraphernal, le contrat serait parfaitement valable, grâce à cette ratification, et que dès lors la nullité ne tient qu'à la dotalité de l'immeuble et non à l'application du principe général de l'art. 1599.

D'ailleurs l'art. 1560 prévoit positivement l'hypothèse d'une aliénation émanant du mari seul, et ne donnant lieu qu'à une action en révocation, ce qui serait inexplicable, si, dans tous les cas d'une semblable aliénation, l'art. 1560 devait être écarté par le système tout différent de l'art. 1599.

Mais la difficulté réelle se présente dans le cas où le mari a vendu seul le fonds dotal et en le présentant comme sien.

Nous ne pouvons nous empêcher d'admettre alors une nullité absolue pouvant être invoquée par tous les intéressés, et donnant naissance à une action en revendication au profit de la femme, car ici la cause de la nullité n'est plus la dotalité du fonds, puisque l'aliénation n'en serait pas moins nulle, quand le mari aurait vendu de cette façon un bien paraphernal ou un bien dotal stipulé aliénable. C'est uniquement le défaut de propriété du mari, dès lors il faut reconnaître que cette hypothèse est en dehors de l'art. 1560, et qu'elle reste sous l'empire des principes du droit commun sur la vente de la chose d'autrui (1).

282. § 2. *Qui peut invoquer cette nullité ?*

La loi place en première ligne la femme ou ses héritiers comme ayant le droit d'intenter l'action en révocation après la dissolution du mariage. En effet, comme aux termes de l'art. 1549, c'est le mari qui a seul pendant le mariage l'exercice des actions pétitoires, il est naturel que la femme ne puisse intenter son action qu'après la dissolution du mariage. Cependant elle aura le même droit après la séparation de biens qui fait cesser l'administration du mari (art. 1449).

283. Les créanciers de la femme ou des héritiers peuvent-ils exercer de leur chef l'action révocatoire aux termes de l'art. 1166? La négative est soutenue.

Quelques auteurs regardent ce droit comme exclusivement attaché à la personne, comme introduit uniquement en faveur de la femme et de la famille, et non en vue des intérêts pécuniaires. La femme peut seule reconnaître si l'équité lui permet de demander cette révocation ; il y a là de sa part une appréciation de conscience (2). Nous n'admettons pas ce système, la restriction apportée à la règle générale de l'art. 1166 n'a pas eu pour but d'exclure les actions qui supposent une

---

(1) V. cependant Cassation, 11 décembre 1815. Mais notez que la cour statuait dans une hypothèse où la femme était intervenue dans l'instance et avait ratifié la vente.

(2) Nîmes, 2 avril 1832. — Paris, 12 janvier 1858.

appréciation de conscience, et la preuve en est dans l'art. 2225, qui permet aux créanciers d'opposer la prescription, du chef de leur débiteur, encore que celui-ci renonce. L'action en révocation de l'aliénation de l'immeuble dotal nous paraît bien plutôt une question d'intérêt pécuniaire qu'une question d'intérêt moral (1).

En second lieu l'art. 1560 accorde au mari lui-même le droit de faire révoquer l'aliénation pendant le mariage. Cette disposition, contraire, il faut le dire, aux principes sur la foi due aux engagements et aux règles sur la garantie, ne passa pas sans une sérieuse opposition dans la séance du 4 brumaire an xii où elle fut discutée.

On a considéré sans doute que le mari, ayant durant le mariage, du moins jusqu'à la séparation de biens, l'exercice de toutes les actions de la femme, ne peut être repoussé par l'exception de garantie, puisqu'il n'agit que comme mandataire (2).

Quant à l'acquéreur lui-même, y a-t-il des cas où il

---

(1) Tessier, t. ii, p. 86. Il n'admet cependant ce point qu'avec restriction.

(2) En conséquence, il serait au contraire repoussé par cette exception, si, après la dissolution du mariage, il prétendait exercer la revendication comme héritier de sa femme ; sa qualité d'héritier ne pouvant en rien modifier l'obligation de garantie qui lui incombe personnellement. Tessier, t. ii, p. 25 B. Par la même raison, les enfants communs, bien que du chef de leur mère ils pussent exercer l'action en revendication de l'immeuble dotal, en seraient repoussés du chef de leur père dans tous les cas où ce dernier eût été tenu de l'obligation de garantir, à moins qu'ils n'eussent répudié l'hérédité de leur père, ou du moins qu'ils ne l'eussent acceptée bénéficiairement.

puisse demander la nullité de l'aliénation ? Non, évidemment, dans tous les cas de nullité relative (art. 1125); mais lorsque l'aliénation a été faite par le mari seul qui a vendu l'immeuble dotal en le présentant comme sien, nous ne voyons pas pourquoi l'acquéreur ne jouirait point du bénéfice que le droit commun accorde à toute personne à laquelle un tiers vend la chose d'autrui (1).

Mais ira-t-on plus loin, et permettra-t-on dans ce cas de prouver, par des circonstances étrangères au contrat de vente, que l'acquéreur était de mauvaise foi ; qu'il connaissait la dotalité de l'immeuble? Nous ne le pensons pas. Le texte de l'art. 1560 et surtout les travaux préparatoires sont trop concluants contre cette opinion. Cet article rend le mari responsable de dommages-intérêts envers l'acheteur, par cela seul que la preuve de la dotalité ne résulte pas du contrat lui-même, et c'est avec intention que le législateur a admis cette disposition d'une sévérité excessive, car la première rédaction portait seulement : « pourvu que l'acheteur ait ignoré le vice de l'achat. » Le Tribunat demanda que l'article fût rédigé tel qu'il l'est aujourd'hui, et il motivait cette demande sur les difficultés et les procès auxquels pourrait donner lieu la question de preuve, et aussi sur cette raison, que ce serait là un moyen de détourner le mari du dessein de vendre le bien dotal (2). Il est bien

---

(1) Merlin, *Répertoire*, v. *Dot*, § 9. — Delvincourt, t. iii, p. 342, note 6. Duranton, t. xv, n. 522. — *Contra* Paris, 26 février 1823. — Toullier, t. xiv, n. 236.

(2) Fenet, tom. xiii, p. 591 et 649.—Benoît, *de la Dot*, t. 1er, n° 267.

certain du reste que s'il y avait dol, connivence entre le mari et l'acheteur, ces règles ne seraient plus applicables, car *fraus omnia corrumpit*.

284. § 3. *Contre qui peut recourir l'acquéreur évincé?*

L'acquéreur évincé a le droit de réclamer la restitution du prix qu'il avait payé. C'est contre le mari qu'il doit agir en restitution, comme étant administrateur de la dot et ayant eu seul qualité pour recevoir ce prix. L'acquéreur ne serait pas fondé à agir contre la femme, même après le mariage, à moins qu'il ne prouve que ce prix a tourné à son profit (art. 1312). Il a droit de plus à des dommages et intérêts, mais seulement lorsqu'il était de bonne foi, et nous savons qu'il l'est dans cette matière, du moment que le mari ne lui a pas déclaré la dotalité du bien vendu.

285. Mais l'acquéreur ne peut-il jamais avoir de recours contre la femme? Que décider si la femme a concouru à la vente ou a vendu elle-même dûment autorisée ; peut-elle être poursuivie sur ses paraphernaux? Il y a sur ce point deux systèmes.

Premier système. Elle ne pourra jamais être poursuivie quand même elle aurait formellement promis la garantie. Qui veut la fin veut les moyens. Il ne faut pas placer la femme entre le désir d'intenter l'action en révocation, et la crainte d'engager ses paraphernaux.

Deuxième système. On distingue : Si la femme n'a

— Dalloz, v° *Contrat de mariage,* chap. 2, section 3, art. 3, n° 35.
— Tessier, t. ii, p. 24, note 698. — *Contra*, Troplong, n° 3535.

pas promis de garantié formelle, on accorde qu'elle ne peut être poursuivie, mais pourquoi ne le serait-elle pas, si elle s'est formellement obligée vis-à-vis de l'acheteur? Une femme dotale n'est point incapable, seulement ses engagements ne peuvent s'exécuter sur ses biens dotaux (1). Non-seulement nous admettons ce système, mais nous pensons qu'il faut faire un pas de plus, car si la femme a vendu elle-même elle a promis implicitement la garantie, et quelle raison y a-t-il de distinguer entre la promesse expresse et la promesse tacite (art. 1626) (2).

285. § 4. *Effets de la nullité lorsqu'elle est obtenue.*

Il est évident d'abord que l'immeuble devra être restitué à la femme, et rentrera dans sa qualité de bien dotal et inaliénable. Quant aux fruits, l'acquéreur n'est pas tenu de restituer ceux qu'il a perçus pendant le mariage, parce que le mari jouissait des intérêts du prix. Mais si l'action en révocation n'est intentée qu'après la dissolution du mariage, ou lors de la séparation de biens, alors on suit les règles ordinaires des art. 549 et 550, c'est-à-dire que si l'acquéreur est de bonne foi, il devra les fruits du jour où après la dissolution du mariage les vices de son titre lui sont connus, et s'il est de mauvaise foi, du jour de la séparation ou de la dissolu-

(1) Paris, 22 novembre 1856.

(2) Roussilhe, *Dot*, t. i, nᵒ 378. — Dalloz, *Contrat de mariage*, ch. 2, sect. 3, art. 3, nᵒ 41. — Duranton, t. xv, nᵒ 53. — Tessier, t. ii, p. 76. — Cassation, 5 mai 1818. — Cassation, 20 juin 1853. — 4 juin 1851. — M. Duverger, *Cours de* 1859. — *Contra*, Rouen, 5 décembre 1840. — Toulouse, 19 avril 1843.

tion du mariage. Si des améliorations, plantations ou constructions nouvelles avaient été faites par l'acquéreur sur l'immeuble dotal, il y aurait lieu selon nous à l'application de l'art. 555, et, par conséquent, la femme qui voudrait conserver lesdites constructions et plantations, devrait rembourser à l'acquéreur de mauvaise foi qu'elle évince la valeur des matériaux et le prix de la main-d'œuvre (1). A l'égard du mari, l'acquéreur de mauvaise foi n'aurait droit à demander que la restitution du prix, car il n'a droit en ce cas à aucun dommage-intérêt contre son vendeur. Si l'acquéreur était de bonne foi, et nous savons qu'il l'est lorsque le mari lui a vendu le bien dotal sans déclarer dans l'acte la dotalité, alors il a le droit de répéter, aux termes de l'art. 1633, contre son vendeur, tout ce que la chose vaut au-dessus du prix de la vente, ce qui comprend la plus-value résultant des plantations et constructions, comme celle qui provient de toute autre cause. En conséquence la femme qui aurait vendu dûment autorisée, et qui rentrerait dans la propriété de son immeuble, ne pourrait obliger l'acquéreur à se contenter de la valeur des matériaux et de main-d'œuvre si elle était inférieure à la plus-value. L'art. 1633 nous paraît avoir dérogé sur ce point à l'art. 555, troisième alinéa (2).

286. C'est une question controversée que de savoir si l'acquéreur a le droit de retenir la possession du fonds

____

(1) On sait du reste qu'elle a le droit de demander la suppression des plantations et constructions avec dommages-intérêts pour le préjudice qu'elle pourrait avoir éprouvé.

(2) *Contra*, Tessier, t. II, p. 92.

dotal jusqu'à ce que toutes les prestations et indemnités qui lui sont dues aient été payées. La négative a été jugée par la Cour de Nîmes le 16 avril 1841, principalement par ce motif que, toutes les fois que le législateur a cru devoir autoriser la rétention d'un objet appartenant à autrui, il l'a fait par une disposition expresse (art. 867, 1673, 1749, 1948, 2280) et que son silence pour le cas où la vente de l'immeuble dotal est annulée prouve qu'il a fait prévaloir l'intérêt de la famille sur celui de l'acquéreur, qui, même en le supposant de bonne foi, a toujours une faute à se reprocher (1).

287. Nous avons déjà dit que la nullité de l'aliénation du fonds dotal, étant relative, peut être ratifiée par la volonté de ceux en faveur desquels elle a été établie, conformément au principe général de l'art. 1338; mais outre la ratification expresse ou tacite dont nous avons parlé, la nullité de la vente pourrait également être couverte par la prescription, mais la durée et le point de départ de cette prescription qui fait l'objet de l'art. 1561, méritent une étude spéciale à laquelle nous allons consacrer notre deuxième et dernière partie.

DEUXIÈME PARTIE.

De l'imprescriptibilité du fonds dotal.

288. L'imprescriptibilité du fonds dotal est une conséquence de l'inaliénabilité (2), elle n'a cependant

---

(1) Conférez, Cassation, 31 janvier 1837. — 12 mai 1840. — 3 avril 1845.

(2) « Alienationis verbum etiam usucapionem continet : vix est enim.

aucune application à la dot mobilière, c'est pourquoi les tiers acquéreurs des meubles dotaux peuvent invoquer l'art. 2279, s'ils sont de bonne foi, ou s'ils sont de mauvaise foi, la prescription de 30 ans pendant le mariage. Les créances dotales se prescrivent également pendant la durée du mariage. Le droit romain n'avait pas tardé à déduire de la loi Julia l'interdiction de l'usucapion, décision qui fut étendue par la loi 30 au Code, *De jure dotium*, à toute espèce de prescription ; mais cette prescription courait à partir de la dissolution du mariage et à partir du moment où le mauvais état des affaires du mari donnait ouverture à l'action en restitution de dot.

289. Dans l'ancien droit français, la dot demeurait inaliénable après la séparation de biens, et cependant c'était seulement dans les parlements de Bordeaux en Auvergne et en Normandie qu'on admettait l'imprescriptibilité ; dans les autres pays, au contraire, on admettait que les biens dotaux commençaient à devenir prescriptibles à partir de cette époque.

290. Sous le Code l'art. 1561 pose le principe et trois exceptions. La première rédaction de cet article portait : *le fonds dotal est imprescriptible pendant le mariage.* Cette disposition trop générale n'était pas en harmonie avec l'art. 1557, qui permet de déroger à l'inaliénabilité par une clause du contrat ; aussi sur l'observation du Tribunat, l'art. 1561-1° reçut la forme suivante : «*les*

---

ut non videatur alienare, qui patitur usucapi. Dig., ff **28**, *De verborum significatione*, L. XVI.

immeubles dotaux non déclarés aliénables par le con-
trat de mariage sont imprescriptibles, à moins que la
prescription n'ait commencé auparavant. » Notons
toutefois que, si l'aliénabilité avait été stipulée avec la
condition du remploi, l'immeuble resterait en réalité
imprescriptible, car si la condition était accomplie, il
est sorti du patrimoine de la femme, et s'il ne l'a pas
été, il demeure inaliénable. La deuxième restriction, « *à*
moins que la prescription n'ait commencé auparavant, »
fut attaquée par M. Tronchet comme contraire aux règles du droit commun, d'après lequel la prescription
devait être suspendue. En effet, lorsqu'un bien possédé
par un tiers qui est en voie de prescrire est déclaré inaliénable par une loi transitoire, ou que la prescription
se trouve suspendue par la minorité du propriétaire,
elle ne peut reprendre son cours que du jour où cesse
la cause de la suspension; mais M. Treilhard fit observer que cette suspension de prescription pourrait avoir
des effets exorbitants; que si par exemple la prescription avait commencé trois ans avant le mariage, et
si le mariage avait duré 50 ans, il en résulterait
qu'elle ne s'accomplirait que 27 ans après sa dissolution,
et qu'ainsi l'action aurait duré 80 ans; l'intérêt public et la nécessité de fixer le sort des propriétés ont
donc motivé cette exception au principe de l'imprescriptibilité. Ajoutons que la stipulation de dotalité,
étant à l'égard du tiers possesseur *res inter alios*
actœ, ne vaut pas, quant à ce tiers, acte interruptif
de prescription, et ne doit pas lui préjudicier, en lui
enlevant l'espoir de conserver l'immeuble qu'il pos-

sède (1). Au reste le mari sera responsable de la prescription qu'il aurait laissé accomplir par sa négligence (art. 1562).

291. La première partie de l'art. 1561 était en parfaite harmonie avec l'art. 1560, mais sur la proposition du Tribunat qui n'avait vu qu'avec répugnance le principe d'inaliénabilité, dont le résultat est d'enlever à la circulation des biens une grande quantité d'immeubles, on ajouta à la rédaction primitive le § 2 ainsi conçu : *«Les immeubles dotaux deviennent néanmoins prescriptibles après la séparation de biens, quelle que soit l'époque à laquelle la prescription a commencé (2).»*

On a considéré que, par l'effet de la séparation, la femme, ayant recouvré et le droit de jouir de ses biens et le pouvoir de les administrer, pouvait dès lors veiller elle-même à la conservation de ses immeubles dotaux, exercer la revendication contre les tiers détenteurs, et interrompre la prescription. Il n'y avait plus dès lors de motifs pour aggraver la position des possesseurs en maintenant contre eux la prohibition. Il est vrai que la loi continue à interdire à la femme l'aliénation directe, parce que cette aliénation peut se faire en un instant, sans réflexion, peut-être sous l'influence du mari pour

---

(1) Toutefois nous pensons que législativement on aurait pu décider autrement, si l'on avait ici abandonné l'idée de conservation pour suivre les errements du droit romain, car, en définitive, le possesseur en train de prescrire l'immeuble, n'avait encore aucun droit acquis.

(2) Cette rédaction est inexacte, car la prescription n'a pas pu commencer après le mariage, il faut donc l'entendre ainsi : « La possession quoique commencée pendant le mariage, ne commencera à devenir utile pour la prescription qu'à partir de la séparation de biens. »

se procurer une somme d'argent que les époux pourraient employer à des dépenses peu utiles, mais l'aliénation par prescription, longue à s'accomplir, et ne procurant aucun bénéfice pécuniaire à celui qui la laisse se consommer, ne présentait pas les mêmes dangers.

292. Nous avons à voir maintenant quelle est la durée de cette prescription et quel en est le point de départ.

293. 1° Quant à la durée, les actions en nullité fondées sur l'incapacité se prescrivent par dix ans; il y a donc lieu d'appliquer cet article à l'action en révocation qui prend sa source dans l'incapacité de la femme dotale; mais dans le cas où l'immeuble a été vendu par le mari seul, qui l'a présenté comme sien, il y aurait lieu, selon nous, à une véritable action en revendication, susceptible de se prescrire par dix, vingt ou trente ans, suivant la distinction des art. 2262, 2265 et 2266.

294. 2° Quant à la fixation du point de départ, partie réellement délicate de cette matière, plusieurs distinctions nous semblent nécessaires.

295. *Première hypothèse.* La femme a vendu sans autorisation, aux termes de l'art. 1304 elle est réputée dans l'impuissance morale d'agir pendant toute la durée du mariage, dans la crainte de donner connaissance à son mari de l'acte par lequel elle a porté atteinte à son autorité; nous pensons donc que dans ce cas l'article 1561 doit être écarté et que la prescription ne peut commencer à courir qu'à partir de la dissolution du mariage, car *contra non valentem agere non currit præscriptio.*

296. *Deuxième hypothèse.* Le mari a vendu seul ou conjointement avec la femme, ou la femme a vendu avec l'autorisation du mari ; dans ces trois cas, selon nous, l'action que la femme intenterait contre le tiers acquéreur réfléchirait contre le mari. L'art. 1561 est donc encore écarté par l'art. 2256, et la prescription ne peut commencer à courir qu'à partir de la dissolution du mariage.

297. Toutefois, la question pourrait paraître douteuse pour le cas de vente par la femme autorisée de son mari; mais nous pensons que le mari devant être présumé avoir touché le prix, toutes les fois qu'il n'y a pas séparation de biens, le tiers acquéreur serait fondé à agir contre lui, sinon en garantie, au moins en répétition de ce prix.

298. *Troisième hypothèse.* Que décider si la femme a aliéné avec l'autorisation de justice obtenue par surprise? Si le mari a vendu aux risques et périls de l'acheteur, ou s'il y a eu donation de façon qu'il ne soit pas soumis à l'action en garantie, le délai de l'action révocatoire court-il à partir de la séparation de biens, ou à partir de la dissolution du mariage?

Sur ce point deux systèmes.

299. On dit dans l'un que l'action est imprescriptible pendant toute la durée du mariage. Le texte de l'article 1560 qui prévoit toutes les hypothèses d'aliénation émanées, soit des époux séparément, soit des époux conjointement, est formel à cet égard. On ne peut pas prétendre que cet article n'ait pas prévu l'hypothèse de séparation de biens, puisqu'il en parle : « *La femme*

aura le même droit après la séparation de biens. »
Quant à l'art. 1561, il ne s'applique qu'à la prescription acquisitive, lorsque les époux agissent en revendication directe contre un tiers qui ne tient pas ses
droits d'un contrat passé avec eux, c'est-à-dire contre
un usurpateur du fonds dotal, ou contre un tiers détenteur qui a acquis de cet usurpateur. Cela est parfaitement rationnel, l'expiration du délai de la prescription
n'est qu'une ratification tacite qui ne peut pas avoir
lieu, là où la ratification expresse est impossible; or
l'immeuble demeurant inaliénable après la séparation
de biens, la femme, qui ne pourrait pas ratifier expressément l'aliénation, ne peut pas davantage la ratifier
tacitement en laissant passer le délai de dix ans (1).

300. Malgré la valeur de ces arguments, nous ne pouvons nous ranger à ce système. Il est facile de répondre
à l'argument du texte tiré de l'art. 1560 en remontant
à l'historique de la rédaction de nos deux articles. La
loi 30 au Code, *De jure dotium,* admet toutes les prescriptions quelconques au profit des tiers, à partir de la
séparation de biens. Cette constitution de Justinien
était regardée comme une règle de jurisprudence dans
tous les pays de droit écrit, et le motif constamment
donné, c'est que la femme avait repris l'exercice de
ses actions dotales (2). Le deuxième alinéa de l'article 1561 ne fut ajouté, nous le savons, que pour satis-

____

(1) Cassation, 1er mars 1847. — 4 juillet 1849. — Duranton, t. xv,
n° 529. — Zachariæ, t. iii, p. 582.
(2) Merlin, *Questions de droit, Prescription,* § 5, art. 5.

faire aux réclamations du Tribunat qui demanda l'application des anciens principes sur la prescriptibilité de l'immeuble dotal, après la séparation de biens (1). Cette addition faite à l'art. 1561 a modifié du même coup, et le premier alinéa de cet article, et l'art. 1560, dont on a seulement omis de modifier la rédaction.

D'ailleurs, les mots : *pendant le mariage*, signifient souvent jusqu'à la séparation de biens. Ils ont incontestablement ce sens dans l'art. 1401, pourquoi n'en serait-il pas de même dans l'art. 1560? On veut restreindre l'art. 1561 à l'hypothèse d'une action en revendication intentée contre un tiers acquéreur en train de prescrire acquisitivement et qui ne tiendrait pas ses droits d'un contrat passé avec les époux; mais dans l'hypothèse où le mari a vendu seul l'immeuble dotal en le présentant comme sien aux risques et périls de l'acheteur, est-ce qu'il n'y aura pas lieu aussi à une action en revendication contre un tiers, en train de prescrire acquisitivement? Nos adversaires sont bien forcés d'admettre que dans cette hypothèse, la prescription commencerait à courir à partir de la séparation de biens et pourtant elle rentre dans les termes de l'art. 1560. Pourquoi d'ailleurs traiter plus favorablement l'usurpateur du fonds dotal que le tiers de bonne foi qui a traité avec les époux? Mais, dit-on, la ratification tacite ne peut pas avoir lieu tant que la ratification expresse est impossible. A cela nous répondons que le législateur n'a pas mis la prescription sur la même ligne

____

(1) Fenet, t. xiii, p. 591.

que l'aliénation directe, puisque l'immeuble dotal reste inaliénable après la séparation de biens, et que cependant il devient prescriptible. Il ne faut donc pas s'étonner que la ratification tacite résultant du laps de temps ne soit pas interdite avec la même rigueur que la ratification expresse considérée comme plus dangereuse. Enfin, cette manière d'interpréter les art. 1560 et 1561 est la seule qui s'accorde avec l'art. 2255, lequel, après avoir disposé que la prescription ne court point pendant le mariage à l'égard de l'aliénation du fonds dotal, ajoute : *conformément à l'art.* 1561. Il indique par là que c'est à ce texte qu'il faut se référer pour déterminer le point de départ des différentes prescriptions qui peuvent s'accomplir pendant le mariage (1).

301. Dans ces dernières années, le législateur s'était forcé à remédier à quelques-uns des inconvénients du régime dotal; c'est ainsi que la loi du 3 mai 1841 évite pour l'aliénation des immeubles dotaux les formalités de l'article 1558 et affranchit les tiers acquéreurs de la responsabilité que fait peser sur eux le régime dotal.

302. La loi du 18 juin 1850 sur la caisse des retraites, art. 4, 2°, attribue séparément à chacun des époux la moitié du bénéfice résultant des versements faits pendant le mariage par l'un des conjoints, sans distinguer le régime auquel ils sont soumis (2).

---

(1) M. Valette, *Revue française et étrangère*, t. vii, 1840, p. 241. — Tessier, t. ii, p. 105.

(2) V. Rapport de M. Benoist-d'Azy, *Moniteur* du 2 mars 1850.

303. Enfin, la célèbre loi du 11 juillet 1850 votée sur la proposition et le rapport de M. Valette a mis fin aux manœuvres frauduleuses des femmes dotales, qui se déclaraient sans contrat de mariage, pour faire croire qu'elles étaient mariées en communauté (art. 75, 76, 1391 et 1394) (1).

(1) V. le *Moniteur* du 17 juin 1850.

TABLE DES MATIÈRES.

DROIT FRANÇAIS.

De l'inaliénabilité de la dot.

9 782014 049817